Le convoi

De la même autrice

Ejo, La Cheminante, 2015
Lézardes, La Cheminante, 2017
Après le progrès, La Cheminante, 2019
Tous tes enfants dispersés, Autrement, 2019 ; J'ai lu, 2021
Ejo, suivi de Lézardes et autres nouvelles, Autrement, 2020
Consolée, Autrement, 2022 ; J'ai lu, 2024
Peau d'épice, illustré par Véronique Joffre, Gallimard Jeunesse, 2023

Beata Umubyeyi Mairesse

Le convoi

récit

Flammarion

L'autrice remercie la Fondation des Treilles (Var)
pour la résidence d'écriture de deux mois
qu'elle lui a accordée en 2022. La Fondation des Treilles,
créée par Anne Gruner Schlumberger, a notamment
pour vocation de nourrir le dialogue entre les sciences et les arts
afin de faire progresser la création et la recherche.
www.les-treilles.com

ISBN : 978-2-0804-3223-0

Pour Mfurayanjye, qui a 15 ans aujourd'hui.
Et pour Micomyiza, qui les aura un jour.

« Cet enfant qui se dit vivant et qui raconte,
C'est moi.
Au milieu de la vie, l'enfance revient, douce et amère,
avec ses images. »

Rithy Panh (avec Christophe Bataille),
L'Image manquante

J'ai eu la vie sauve. Le 18 juin 1994, quelques semaines avant la fin du génocide contre les Tutsi, j'ai pu fuir mon pays grâce à un convoi de l'organisation humanitaire suisse Terre des hommes. J'avais alors 15 ans. L'opération de sauvetage était officiellement réservée à des enfants de moins de 12 ans, mais ma mère et moi avons pu en faire partie, cachées au fond d'un camion. Dans les semaines qui ont suivi, des gens nous ont dit nous avoir vues à la télévision au moment de la traversée de la frontière entre le Rwanda et le Burundi, traversée que nous avions effectuée à pied.

En 2007 je suis entrée en contact avec l'équipe de la BBC qui avait filmé notre convoi, dans l'espoir de récupérer la vidéo sur laquelle je figurais. Je ne suis pas parvenue à trouver cette image.

Un des journalistes m'a remis quatre photos qu'il avait prises ce jour-là. Je ne m'y suis pas vue. Sur le moment, je n'ai su que faire de ces clichés.

Le convoi

Le 18 août 2020 j'ai retrouvé l'humanitaire qui avait organisé notre sauvetage en 1994.

Il est mort quatre mois après.

C'est alors que j'ai décidé d'écrire cette histoire.

Il aura fallu quinze ans de cheminement incertain, une enquête menée aux confins de mémoires étiolées, pour retrouver une image sur laquelle j'espérais figurer, puis pour chercher mes compagnons de fuite, et enfin pour explorer la possibilité de tisser un récit entendable. Quinze ans pour m'autoriser enfin à écrire cette histoire. La mienne et à travers elle, car il s'agit bien de me réinscrire dans un collectif, la nôtre, l'histoire des enfants des convois.

Ce mot « convoi » est chargé d'un sens terrible dans la société d'où je parle désormais. Cette société qui m'a généreusement accueillie à une époque où cela semblait encore naturel, sans autre condition que celle de laisser le passé derrière moi, à la frontière des consciences occidentales, comme on accepte une mue, comme une silenciation cependant. Ici on pense aux convois de la mort, aux trains qui ont mené les victimes d'un autre génocide, cinquante ans avant le nôtre, vers des camps de concentration et d'extermination auxquels si peu ont survécu. C'est en lisant les mots de ceux qui en sont revenus, en apprenant à cheminer à leur côté, que j'ai forgé la langue qui va me permettre de raconter d'autres convois. Ceux des miens, celui dans lequel j'ai survécu, au Rwanda, le 18 juin 1994.

Un convoi de la vie.

M'engager dans ce récit aujourd'hui requiert que je considère mon passé le plus sincèrement possible et que je retrouve celle que j'étais alors.

Une adolescente, extirpée de l'enfance par la violence des hommes, passe une frontière grâce à une opération de sauvetage menée par des humanitaires. Elle échappe à la mort dans des conditions romanesques, mais à ce moment-là ne pense pas qu'un jour elle en tirera un quelconque récit. Elle ignore alors que Terre des hommes, le nom de l'ONG qui assure sa traversée, est aussi le titre d'un livre d'Antoine de Saint-Exupéry publié à la veille de la Seconde Guerre mondiale. Elle enregistre les scènes mais surtout imprime en elle les sensations, les rares paroles prononcées, la terreur muette aussi. Elle s'accroche à l'espoir de la vie, neuve, fragile car incertaine, qui s'annonce de l'autre côté du pont qu'elle va passer pour quitter son pays. Dans les semaines qui suivent, d'autres frontières seront franchies, l'horizon va s'ouvrir pour lui offrir une existence protégée sur une terre étrangère. Plus qu'un passeport ou un visa, c'est une langue, le français, qui lui permet de passer symboliquement et concrètement toutes ces frontières. Une langue comme un bouclier dont elle s'est servie pour éloigner les tueurs, dont elle use encore pour investir le nouveau territoire sur lequel elle se trouve débarquée, la France. Dans cette langue qu'elle maîtrise depuis l'enfance, les mois qui passent remplissent son vocabulaire de mots nouveaux : « génocide », « survivante », « rescapée ». Ces mots qu'elle avait lus dans des histoires d'un temps qu'on disait révolu. Elle va tenter de les apprivoiser, elle le doit car elle comprend que le monde les utilise sans cesse pour parler de son expérience dans ce pays qu'elle a pu fuir. Ces mots sont tamponnés sur toutes les pages du passeport immatériel qu'elle doit présenter lorsqu'elle pénètre, étrangère, dans la vie nouvelle qu'elle doit construire. Ce qui s'est passé dans ce pays et qui a emporté la plupart des siens, ce qui est advenu et dont elle garde la mémoire vive encore, s'appelle donc ainsi : génocide. C'est un mot immense qui l'écrase, mais il est aussi minuscule car il ne contient pas toute l'étendue de la perte, il ne dit pas les noms des disparus, les deux cousines, Uwingabire et Mpinganzima, avec lesquelles elle jouait, le petit-cousin qu'on surnommait « Capitaine », les noms de l'oncle et de la tante et de tous les autres, une famille élargie. Il tait les amitiés et les voisinages, les dizaines de personnes dont les patronymes, comme une constellation, ont toujours formé l'étendue d'une existence plurielle, d'un « nous » qui a été subitement effacé.

Ce mot devrait tout résumer, et bien souvent d'ailleurs, dans la langue de ceux qui l'entourent maintenant, dans le récit minimaliste qu'ils font d'elle pour présenter la nouvelle élève, la petite réfugiée, il suffit, accolé à celui de son pays, à imposer un silence. Un vide de gêne et de compassion dans lequel il n'y a pas de place pour dérouler le passé dans sa complexité. Elle comprend ainsi que sur cette terre d'opulence et de paix il lui faut aussi apprendre à se taire. Pour elle qui jusqu'alors rêvait de devenir journaliste, la liberté d'expression peut certes être une réalité ici, mais circonscrite. « Rwanda » et « génocide », les deux mots prennent toute la place, le premier semble même pouvoir se passer de l'autre. Dans l'esprit des Français, qui ne l'avaient pour la plupart jamais entendu jusqu'à ce qu'il s'immisce dans leurs journaux, ce mot « Rwanda » est devenu synonyme d'horreur, de violence. Il sous-entend aussi « massacres interethniques », « sauvagerie tribale », « machette ». Tout se mélange. On a pris l'habitude de simplifier quand il s'agit de l'Afrique. Le Rwanda est la preuve s'il en est que cette image caricaturale, résumée depuis le temps des colonies par l'expression conradienne de « cœur des ténèbres », peut encore être utilisée, sans scrupules. L'Afrique aura beau se défaire de certains de ses démons, il y aura toujours cette part de ténèbres qui resurgira, l'apartheid est vaincu, certes, mais en même temps, regardez donc le Rwanda.

Chez ces gens-là, c'est comme ça. Ça l'a toujours été.

Personne ne veut entendre les rares voix qui rappellent que l'ethnicisation de la société rwandaise est une construction coloniale. Ils s'entretuent depuis la nuit des temps, n'est-ce pas.

En y repensant, il y a trois mots : qui dit « Rwanda » implique « machette », qui lui-même sous-entend « génocide ». Trois mots qui se contaminent sans cesse dans une causalité macabre, laquelle étouffe tout déploiement narratif individuel, circonstancié : une histoire à soi. La peur du détail, de l'énonciation d'une expérience personnelle brouille l'écoute. Les gens en ont déjà trop vu à la télévision durant des mois, ils ne souhaitent pas, pour la plupart, en entendre davantage de l'adolescente qu'on leur présente. À moins que ça ne soit l'appréhension de la folie qui pourrait la gagner si elle se mettait à déverser ses morts devant eux, comme l'ont fait les rivières rwandaises qui charroyaient les cadavres jusqu'aux lacs des pays voisins, eux aussi montrés sur les écrans du monde, cette folie dont il s'agit de la protéger, qu'il s'agit de circonscrire au passé, à là-bas. En attendant, ici, elle apprend vite les codes et décide d'investir le programme de résilience que la société élabore pour les enfants comme elle. Ce n'est pas encore devenu l'injonction globalisée que nous connaissons aujourd'hui, où la nature polluée, les femmes violées, les migrants échoués se doivent d'être résilients. Mais à partir du moment où elle se voit offrir les tuteurs de résilience que sont le soin, l'éducation et la sécurité, elle ne peut, sans faire preuve d'indécence, continuer à parler du passé.

Dans ce lycée catholique de Beaucamps-Ligny, près de Lille, qui l'accueille gratuitement grâce à un programme de scolarisation d'élèves venant de pays en guerre, comme avant elle les jeunes Libanais, elle apprend vite. Et lorsqu'on lui demande comment elle va maintenant, elle sait qu'il faut répondre : « Bien, merci. Le passé est passé. »

Et me voici aujourd'hui, trente ans après, qui décide de revenir sur ce passé pour enfin le raconter. Que s'est-il passé ?

Je suis arrivée dans le nord de la France à l'âge de 15 ans. Je n'avais pas été violée, je n'avais pas été machettée, j'avais encore à mes côtés une mère aimante avec laquelle j'avais survécu. Ma mère est vite retournée au Rwanda pour chercher des survivants, pour être à leur côté, me laissant aux bons soins d'une famille d'accueil française formidable au sein de laquelle j'avais une chance de recommencer ma vie là où le génocide l'avait laissée.

La famille d'accueil ne m'a pas seulement offert l'affection, le gîte et le couvert, elle m'a aussi aidée à panser mon chagrin en m'ouvrant les portes de la psychothérapie.

Ma vie est redevenue quasiment normale, comme par magie.

Le seul récit que je m'autoriserai pendant deux décennies se déploiera dans des cabinets de psychologues et de psychiatres où je me retrouverai à explorer bien plus que mon expérience de survie, et auprès des rares qui oseront me demander : « Que t'est-il arrivé ? »

Pour les autres, amis, professeurs, collègues, je deviens cette femme qui, par son travail et ses engagements humanitaires, parvient à rendre au monde un peu de l'aide reçue à l'adolescence. Lorsque j'entre dans la vie active, je choisis de m'impliquer dans des combats symboliques contre la mort : lutte contre le sida, les addictions, le suicide.

Les années passent.

Je lis avidement ce qui est publié sur le Rwanda, les essais écrits par des journalistes, des historiens, les premiers témoignages des survivants et survivantes tutsi. Je trouve aussi dans les récits des rescapés juifs des mots qui ont la forme exacte de ma solitude. Grâce à eux, j'apprivoise mon silence.

Un jour, à la toute fin du siècle, sentant que déjà la mémoire commence à s'effriter, je consigne dans un petit carnet à spirale quelques dates, quelques faits de ces mois d'avril à juin 1994 que nous avons traversés cachées, ou en fuite, ma mère et moi. Je me dis que, si je deviens mère à mon tour, mes enfants pourraient bien me demander de leur raconter.

Il arrive que quelqu'un, journaliste ou connaissance, me propose de lui relater mon expérience afin qu'il l'écrive et la publie. Je refuse, confusément consciente déjà que si un jour cette histoire doit être écrite, je veux qu'elle le soit avec mes propres mots.

J'aime un jeune Français qui n'a pas peur de savoir, lui. Il m'a demandé de lui raconter, très vite après notre rencontre. Il recueille aussi, au fil des ans, quelques souvenirs qui ne manquent pas de s'inviter, à l'improviste, dans notre conversation quotidienne.

Alors que nous attendons notre premier enfant, Yann, qui est désormais mon mari, suggère que l'on parte à la recherche d'une image dont je lui ai parlé. Des gens, dont j'ai oublié l'identité (sans doute des amis retrouvés au Burundi en juin 1994, ou en France peu après, des gens qui auraient eu le câble ?), ont dit nous avoir vues à la télévision britannique, ma mère et moi, alors que nous traversions la frontière entre le Rwanda et le Burundi, le jour de notre survie.

Ainsi commence, en 2007, l'enquête qui mènera jusqu'à ce livre.

Mais de livres il aura été question bien avant.

À l'âge de 30 ans, je tombe sur cette phrase de Toni Morrison : « S'il y a un livre que tu voudrais lire mais qu'il n'a pas encore été écrit, alors tu dois l'écrire. » Je sais que depuis toutes ces années de silence et de tentatives de « résilience exemplaire », je cherche le livre que je voudrais tendre à celles et ceux, pourtant proches et bienveillants, qui m'ont donné le sentiment de ne pas être prêts à lire un témoignage, le mien ou celui d'un autre. Une lecture pour celles et ceux qui répètent « c'est indicible » sans vraiment y penser. Je crois, moi, que les mots peuvent dire toute l'étendue du désastre – les témoignages en sont la preuve – et que notre incommunicabilité vient plutôt du fait que c'est inentendable. Je souhaite écrire un texte qui dirait l'expérience de la survie, ici et là-bas, dans sa multiplicité et sur le temps long, sans euphémisme mais sans pour autant effrayer. Qui décrirait l'avant et l'après pour mieux faire entendre les trois mois de nuit que nous avons traversés. J'ai compris qu'il faudrait un ciselage artisanal pour rendre nos histoires acceptables, bien que les crimes ne le soient pas. Je me lance alors dans la rédaction de mon premier recueil de nouvelles que j'intitule *Ejo*[1], ce mot qui dans la langue de mon pays d'origine signifie à la fois « hier » et « demain ». J'ai fait le choix de la fiction, d'une mise à distance nécessaire pour moi et pour mes lecteurs. Certaines histoires s'inspirent de faits ou de personnes réelles mais que mon imagination a transformées.

Suivront un autre recueil de nouvelles et un roman qui, de près ou de loin, donnent à entendre des destins arrêtés, saccagés, altérés par le génocide.

Ces livres sont lus par celles et ceux auxquels je les destinais, et par bien d'autres encore. Souvent les lecteurs français en parlent en disant « votre témoignage », et j'ai beau protester qu'il ne s'agit pas là de mon histoire personnelle, je comprends combien il me sera difficile de sortir de ce schéma qui veut que les fictions africaines soient souvent considérées comme des traités d'ethnographie.

Les Rwandais et les Rwandaises aussi me lisent et je suis heureuse de leurs réactions enthousiastes. Un ami dramaturge m'écrit par exemple : « Je redécouvre, en parcourant ton roman, toute ma ville de Butare que tu ressuscites, c'est fabuleux » ; une connaissance, plus âgée, me remercie d'avoir « si

1. Initialement publié aux éditions La Cheminante en 2015, l'ouvrage a été republié dans le recueil *Ejo, suivi de Lézardes et autres nouvelles* en 2020 par les éditions Autrement. Il contient trente nouvelles et a été lauréat de plusieurs prix littéraires.

bien mis en avant nos beaux proverbes ». Mon métissage, qui m'a donné l'impression, enfant, d'être toujours renvoyée à une différence trop visible, a créé chez moi le complexe d'un déficit d'appartenance. J'ai pensé, après 1994, que l'expérience extrême du génocide, vécue avec les autres, m'autoriserait enfin à être totalement rwandaise.

Cela reste fragile cependant. On m'invite à parler de mes livres, on me félicite pour ma connaissance de notre langue, le kinyarwanda, auquel j'ai donné une véritable place dans mes textes littéraires. Mais.

Un jour, le responsable d'une association me dit, pour accompagner une invitation à intervenir devant une classe sur le thème du génocide des Tutsi : « Il y aura un survivant et puis toi. » J'ignore si c'est parce que je ne suis pas invitée pour raconter uniquement mon expérience de 1994 mais aussi pour parler de mes livres qu'il fait cette distinction. Ne suis-je pas une survivante au même titre que les autres ? Je n'ose demander.

Dans le monde occidental de la création que j'ai intégré par l'écriture de mes premiers livres, et malgré la reconnaissance de la critique, des libraires, il suffit de quelques entailles pour me faire vaciller.

Une éditrice avec laquelle je suis censée travailler me dit un jour, j'imagine sans trop réfléchir, qu'il lui sera difficile de défendre mon travail parce que « le créneau est déjà pris ». Et quand je lui demande, incrédule, ce qu'elle entend par là, elle m'explique qu'il y a déjà une écrivaine rwandaise dans le paysage éditorial. Je n'en crois pas mes oreilles. N'ai-je pas le droit d'être une écrivaine, moi aussi, parce que je suis rwandaise ? En est-on encore à penser à Paris qu'il n'y a qu'une place, qu'une voix par pays africain, et que nous devons nous battre entre nous pour la gagner ? Je suis mortifiée.

Quelques mois plus tard, un ami cher, auteur qui a longtemps – et avec beaucoup de talent – travaillé sur des histoires rwandaises, me demande devant une salle venue nous écouter : « Pourquoi est-il écrit sur la quatrième de couverture de tes livres que tu es rescapée, est-ce que c'est ton métier ? »

Cette question serait blessante pour n'importe qui mais elle l'est pour moi d'autant plus qu'elle s'ajoute aux situations évoquées plus tôt, que j'ai vécues comme des négations. Je lui rappelle, puisque j'ai l'impression qu'il me somme de me justifier, le cas d'autres auteurs d'origine rwandaise, qui ont été présentés comme survivants de ce génocide alors qu'ils ne l'étaient pas. Pourquoi n'aurais-je pas, moi, le droit de dire que c'est depuis cette expérience-là, réelle, que j'écris ?

Un moment découragée, je songe à ne plus jamais écrire sur cette histoire. Mais le silence, comme me l'a appris la lecture d'Audre Lorde, ne m'apaiserait pas :

« [E]t quand nous parlons nous avons peur
que nos mots ne soient pas entendus
ni bienvenus
mais si nous nous taisons
nous avons toujours peur

Il vaut donc mieux parler
sachant que nous n'étions pas censées survivre [1]. »

Ainsi, pendant des années, et peut-être est-ce encore le cas aujourd'hui, j'ai été freinée par les assignations et injonctions paradoxales des uns et des autres, dont je ne savais que faire.

J'ai compris, au terme de mon cheminement entre mémoire et écriture, que je porterais longtemps cette fragilité. Je sais qu'il y aura toujours quelqu'un pour me dire que mon récit a déjà été entendu, et en même temps, vertige des contradictions, un autre pour me signifier qu'il est trop personnel, pas assez « universel » ; qu'il y aura des gens pour me dire que j'exagère, que je suis dure ou que je ne les ai pas compris. Mais eux, ont-ils tenté de me comprendre ?

L'écriture de ce livre relève d'un constant balancier. Je dois raconter cette histoire. Puis-je le faire seule, m'arroger ce droit ? Qui suis-je pour le faire ? Une rescapée certes, mais une rescapée privilégiée,

1. Audre Lorde, *La Licorne noire*, L'Arche Éditeur, 2021.

car ma peau plus claire m'a épargné ce que tant d'autres ont enduré. Une écrivaine, oui, mais qui est restée jusqu'à présent retranchée dans le confort de la fiction, évitant soigneusement de livrer sa vie nue.

Comment passer de la fiction au récit d'évènements réels, apprivoiser la narration des faits historiques dans lesquels je serai une protagoniste ?

Dans un entretien réalisé en 1986[1], Primo Levi relate comment il est passé de l'écriture de textes autobiographiques à son premier roman, *Maintenant ou jamais*, qui porte sur l'histoire d'un groupe de partisans juifs polonais et russes attaquant les nazis derrière les fronts de l'Est, durant les deux dernières années de la guerre. Il dit qu'il s'était mis au défi de vérifier si oui ou non il était « devenu un écrivain à part entière, capable de construire un roman, de façonner un personnage, de décrire des paysages [qu'il n'aurait] jamais vus ».

Sans me comparer à l'auteur fondamental qu'il a été, mais parce que je ne puis m'empêcher d'aller chercher des réponses chez lui comme chez Charlotte Delbo ou Aaron Appelfeld, j'ai pensé en lisant ces lignes que j'étais en train de faire le chemin inverse. Passer de la fiction au témoignage pour me prouver… quoi donc ?

Que j'ai le droit d'être une survivante comme les autres ?

1. Philip Roth, *Parlons travail*, Gallimard, 2004.

Il n'y a pas de jour qui passe sans que je doute. Suis-je sur la bonne voie ? Je souhaite retrouver les autres enfants du convoi du 18 juin, leur remettre les photos, leur donner ce récit. Trouveront-ils mon travail utile ? N'auront-ils pas l'impression que je me suis approprié cette histoire qui est aussi la leur ? Ne vaudrait-il pas mieux que je cesse de dire « je » et qu'à la place j'écrive juste l'histoire de notre traversée, comme un récit journalistique, extérieur ? Et les journalistes, ne trouveront-ils pas injustes ou présomptueux mes commentaires à leur égard ?

Car je n'étais qu'une enfant en 1994 et il semblerait logique que ce soit aux adultes de raconter. Quelques-uns l'ont fait et leurs récits alimentent le mien. Ce sont les hommes, journalistes ou sauveurs étrangers, qui ont laissé une trace écrite dans des livres, des articles ou des films documentaires. Un humanitaire et un journaliste ont témoigné devant le Tribunal pénal international pour le Rwanda (TPIR), qui a consigné toutes leurs paroles.

Les femmes et les enfants, à l'exception d'une seule survivante, mon amie Annick Kayitesi-Jozan, sont demeurés silencieux. Et cela me conforte dans mon projet, puisqu'il s'agit de donner enfin à entendre leur parole dans ce récit qu'il me faut rendre collectif. J'écrirai depuis ces identités, passée et présente, l'enfant que j'étais et la femme que je suis devenue.

Je doute. Mais si j'abandonne maintenant, je crains que cette histoire ne soit racontée par quelqu'un qui ne pourra pas parler de l'intérieur comme je le fais. Je crains qu'il ou elle ne s'embarrasse pas des questions de légitimité que je me pose, qu'il ou elle manque de distance, peut-être de délicatesse. Mes doutes sont-ils un trop-plein de délicatesse ? Je ne voudrais pas que cet autre nous caricature, fasse de nous une belle histoire, parle à notre place. Et moi, que dois-je faire pour ne pas être taxée de vouloir raconter « une belle histoire », de parler à la place des autres ?

J'ai su très vite que je ne serais pas en mesure de rapporter l'ensemble des souvenirs, ceux des autres et les miens, de nous porter toutes et tous à bout de bras, à bout de mots. Ma mémoire à moi s'est peu à peu effilochée, elle est pleine de trous que je ne suis pas en mesure de combler, mais que je ne dois pas cacher pour autant.

Une autre crainte a surgi, dès les premières pages d'écriture : il y en aura pour dire que ma version des faits n'est pas conforme à LA vérité. Je me suis souvenue d'une scène qu'on m'avait rapportée, celle d'une survivante de la Shoah qui témoignait devant des élèves et d'une autre survivante présente dans la salle, qui avait affirmé à sa voisine (celle qui m'a raconté cette histoire) : « Elle dit n'importe quoi, ça ne s'est pas du tout passé comme ça ! » Nos mémoires en défaut, reconstituées, dissonantes.

Sans cesse je commence, puis je m'arrête. Ce n'est pas l'angoisse de la page blanche mais la peur de ne pas être la bonne chroniqueuse, de ne pas faire un témoignage irréprochable, fidèle aux faits et aux victimes, bienveillant devant les contradictions de ceux qui nous ont aidés ou racontés.

Pour me rassurer, je repense à ce que m'ont dit certains des journalistes qui étaient présents à la frontière le jour de notre traversée en 1994, ceux que j'ai retrouvés et auxquels j'ai confié mon projet : « C'est à toi d'écrire cette histoire. Tu fais la bonne chose. Il n'y a que toi qui puisses le faire. »

Au commencement, je cherchais une liste de noms. Ceux des enfants du convoi du 18 juin, auxquels je souhaitais donner quatre photos retrouvées, pour leur rendre un peu de notre passé commun.

Seulement, au fil des ans, au lieu de m'amener à trouver les noms des survivants, mon enquête m'a surtout apporté les noms des sauveurs, des témoins, des bourreaux, les seuls à se trouver dans les écrits, les archives. Les enfants sauvés, eux, sont longtemps restés une masse indistincte. Comme si nos vies n'avaient laissé aucune trace, comme si nous étions condamnés à rester indéfiniment des enfants, ceux qui ont donné aux autres leurs rôles, en ont fait des sauveurs, des témoins, des complices ou des tueurs.

Dois-je continuer à chercher les enfants ? Je me rends compte que ce que j'ai à leur proposer risque de les décevoir. Quelques photos, des dates et la destinée de nos sauveurs. Même s'ils ne sont qu'une poignée, il y en aura pour lire cette histoire, dans cette génération ou la suivante. Les enfants de 1994 ont sans doute eu des enfants à leur tour, et ces photos pourraient être, dans l'album familial du passé, une possibilité de raconter leur survie, de retisser un fil par-delà les brisures mémorielles.

Depuis que j'ai commencé à écrire, mes lectures, mes rencontres ont déplacé certaines de mes convictions. Ainsi, je ne pensais pas, au départ, écrire mon propre témoignage, raconter ce que j'avais personnellement traversé avant de rejoindre le centre de Terre des hommes. Et puis je suis allée témoigner dans un lycée et, en rentrant, en me remettant à ma table de travail, il m'a semblé impensable de ne pas le faire. Je ne pouvais pas parler des autres enfants, relater les destins des rares que j'avais pu retrouver, en me soustrayant à l'histoire. Raconter mon expérience du convoi n'a de sens que si je me donne la peine de parler des semaines précédentes de cache et de peur qui m'avaient menée jusqu'au lieu géré par l'ONG.

De même la question de la forme du récit a lentement évolué.

Des auteurs comme Daniel Mendelsohn ou Imre Kertézs m'ont appris que la façon de raconter compte tout autant que ce qu'on décide de partager. J'avais imaginé que, pour ce livre, j'allais me débarrasser du vêtement de romancière, pour n'être qu'un témoin, au même titre que les autres. Je ne voulais pas « faire de la littérature » avec notre histoire, mais je ne cesse de me demander s'il ne faudra pas que je cède à cette nécessité. Car si je me contente d'une narration linéaire, si je me cantonne au récit de ce qui nous est arrivé d'avril à juin 1994, personne ne saura rien de ce que le temps fait au passé. Il l'amplifie, l'érode ou l'effrite en fragments, en cailloux qui sont dispersés ou restent immobiles, perdus au bord du chemin, mais que l'on peut retrouver quand vient le temps du récit. Alors le vieux et le neuf, la vie d'hier et celle d'après entrent en résonance et font sens. Les fragments sont assemblés en une mosaïque qui dit plus que le convoi du 18 juin. Ce n'est que si je raconte la quête de quinze ans qui m'a amenée sur le sentier sinueux des mémoires éparpillées entre le Rwanda, l'Angleterre, l'Italie, la Suisse, la France et l'Afrique du Sud que l'on saisira le vertige que porte cette survie-là, le sens de cette journée particulière.

Il faut parfois passer par un récit pour en raconter un autre, chaque histoire renferme d'autres histoires, et en écrivant par spirales je ne serai pas en train de m'éparpiller mais d'avancer. Parce qu'il faut continuer, dire les mots tant qu'il y en a. Dire avant d'oublier.

Ajouter des histoires individuelles à l'histoire centrale du convoi est aussi une façon pour moi d'élargir le monde dont je parle, l'évènement que je relate, pour montrer comment il fait écho au présent, à d'autres mondes. Montrer toute son épaisseur. Chacun des enfants est bien plus qu'une vie humaine qu'on tue ou qu'on sauve, chacun des protagonistes de cette scène inaugurale entre Rwanda et Burundi, le 18 juin 1994, peut témoigner d'un parcours de trente ans aux frontières d'une humanité meurtrie, d'un récit dévoyé.

Le 18 juin 1994, quelques semaines avant la fin du génocide contre les Tutsi, je fuis mon pays grâce à un convoi organisé par l'organisation humanitaire suisse Terre des hommes. J'ai 15 ans. L'opération de sauvetage est officiellement réservée à des enfants de moins de 12 ans mais ma mère et moi en faisons partie, cachées au fond d'un camion. Dans les jours qui suivent, des gens nous disent nous avoir vues à la BBC au moment de la traversée de la frontière entre le Rwanda et le Burundi. Plus de dix ans après les faits, j'entre en contact avec l'équipe de la télévision britannique qui avait filmé notre convoi, dans l'espoir de récupérer la vidéo sur laquelle je figure. Je ne parviens pas à trouver cette image de moi. Un des journalistes m'envoie aussi quatre photos, sur lesquelles je ne suis pas visible et dont je ne sais que faire sur le moment.

Je les range dans un dossier de mon ordinateur et prétends les oublier.

1.

Quatre photos

« … c'est alors seulement que je sus, sans aucun doute possible, que ces fragments de souvenirs faisaient aussi partie de ma propre vie. L'effroi que suscita en moi cette révélation fit que je fus incapable de noter les adresses et les numéros de téléphone communiqués en fin d'émission. Je me voyais seulement attendre, sur un quai, dans une longue file d'enfants, en rang par deux, dont la plupart avaient un sac à dos ou un cartable. »

Austerlitz
W.G. Sebald

Nice, printemps 2019

Je participe pour la quatrième fois consécutive à la Semaine de la Mémoire organisée par le lycée Thierry-Maulnier de Nice.

Tout au long de l'année, les cinq formidables professeures qui portent ce projet font travailler leurs élèves sur les génocides des Juifs, des Tutsi et des Arméniens, puis organisent une semaine de conférences réunissant des chercheurs, des thérapeutes, des artistes, des survivants ou des descendants de survivants.

Cette démarche pédagogique et humaine vise à informer les jeunes, à semer en eux quelques graines qui, en germant, feront possiblement d'eux des citoyens engagés, vigilants, et des passeurs de mémoire.

C'est dans ce lycée, devant des adolescents âgés de 15 ans, comme moi en 1994, que j'ai commencé à témoigner de mon expérience de rescapée écrivaine.

Je me vois en eux et mes textes, que la professeure de français leur a fait lire, les touchent d'autant plus qu'ils viennent d'un témoin direct du génocide.

Lors de ma première participation, en 2016, j'ai été émue par le témoignage d'Evelyn Askolovitch, qui avait survécu à la Shoah, enfant, avec sa mère et son père, dans deux camps de Hollande d'abord, puis à Bergen-Belsen, en Allemagne. Elle racontait comment longtemps sa mère avait accaparé la mémoire familiale, supposant que la petite fille n'avait rien retenu de cette histoire. Ce qui n'était pas le cas, mais l'enfant allait enfouir ses souvenirs et se taire, laissant parler les adultes puis restant durant des décennies dans l'ombre de son mari, grand journaliste de la presse juive. Ça n'est qu'après la mort de ce dernier, alors que sa mère était devenue très âgée, qu'Evelyn s'était enfin autorisée à parler, au seuil de ses 80 ans. Depuis, elle n'avait eu de cesse de témoigner, surtout dans les écoles. En écoutant cette femme inspirante conter sa vie aux adolescents attentifs, j'ai été prise d'un vertige, que j'allais lui confier plus tard : était-ce à dire que moi aussi, quand je serais septuagénaire, j'aurais encore à aller témoigner ? Dans ses yeux pleins de lumière j'ai lu un encouragement. Elle avait commencé à parler « sur le tard » et portait encore beaucoup d'énergie, il me faudrait tenir sur la longueur et penser parfois à me préserver. Depuis cette conversation avec Evelyn Askolovitch, j'ai toujours une pensée pour elle quand je parle de la Shoah aux élèves. Je veille en effet à aborder les autres génocides dans mon témoignage, en raison de la communauté de destin qui me lie avec ces survivants-là et parce que je fais foncièrement plus confiance à la convergence qu'à la concurrence des mémoires, d'une génération à l'autre.

En 2019, je retrouve à Nice deux survivants rwandais, Félicité Lyamukuru[1], alors présidente de l'association Ibuka Belgique, et le chanteur Jean de Dieu Rwamihare, surnommé « Bonhomme », bien connu au Rwanda car il a composé des chants déchirants qu'il interprète au moment des commémorations. Il y a là aussi des personnes dévouées à la mémoire des différents génocides, les aînés juifs ou arméniens qui tissent depuis des années des liens nécessaires entre nos histoires respectives, ainsi que des représentants de l'Association Ibuka France[2], et d'autres encore.

1. Elle a publié son témoignage, *L'ouragan a frappé Nyundo*, en 2018 aux Éditions Cerisier (écrit en collaboration avec Nathalie Caprioli).

2. Ibuka France – Mémoire, Justice et Soutien aux rescapés, est une association créée en 2002 dont les objectifs sont d'œuvrer pour la mémoire du génocide des Tutsi du Rwanda, pour la justice et le soutien aux rescapés sur le territoire français. La première ONG Ibuka a été fondée en août 1994 en Belgique. D'autres sections ont suivi, au Rwanda, en Italie, aux Pays-Bas, en Suisse...

Le soir venu, nous assistons à la représentation d'une pièce de théâtre, *Basculement, Rwanda 94*[1], qui aborde le thème du début du génocide à Kigali. Deux des comédiens sont des survivants. C'est la première fois que je les rencontre. Au moment du bord de scène, à la fin du spectacle, celui qui s'appelle Rodrigue confie un bout de son histoire aux spectateurs. Il dit avoir échappé aux massacres en quittant le pays grâce à un convoi de l'ONG suisse Terre des hommes. Mon cœur se met à battre si fort dans ma poitrine, résonnant jusqu'à mes oreilles, que je n'entends plus rien du reste de l'échange avec la salle.

Je vais attendre Rodrigue à la sortie des loges et sans doute est-il surpris par l'excitation avec laquelle je me mets à lui parler.

Aujourd'hui, avec le recul, je peux reconstituer clairement le sens des mots que j'ai déversés sur lui, ce soir-là, mains agitées, souffle court, mais tout cela devait être très confus pour lui.

« Je suis moi aussi une survivante de Butare. Et comme toi j'ai pu quitter le pays grâce à un convoi de Terre des hommes. Il y a quelques années, j'ai fait des recherches pour trouver les images de notre convoi, parce que des gens avaient dit nous avoir

1. D'après le texte du même titre publié par Valens Kabarari, Edilivre, 2019.

vues, ma mère et moi, à la télévision, au moment où nous passions la frontière. J'ai retrouvé les journalistes de la BBC qui avaient filmé le sauvetage. Je ne figurais pas sur les images qu'ils ont pu me fournir, mais j'ai depuis en ma possession quatre photos sur lesquelles on voit plusieurs enfants rescapés ce jour-là. Peut-être es-tu l'un d'entre eux ! Est-ce que tu te souviens de la date à laquelle tu es parti ? Moi j'étais dans le convoi du 18 juin, et toi ? »

Je ne demande pas à Rodrigue s'il veut ces photos, si elles l'intéressent, non, je les lui impose, partant du principe que si j'ai cherché à retrouver une trace de cette survie miraculeuse, ça doit être le cas pour tous les autres enfants.

Rodrigue m'écoute tranquillement. Au terme de ma longue tirade, il me dit d'une voix lente et mesurée qu'il ne se souvient pas de la date de *son* convoi. Il n'avait que 4 ans. Il va demander à son cousin plus âgé, avec lequel il a fait le voyage.

L'éventualité de retrouver une photo de lui pendant le génocide paraît l'intéresser, sans que, cependant, cela revête la même importance que pour moi qui déjà, brûlant les étapes, m'excuse confusément : « Ça fait presque dix ans que j'ai ces photos chez moi et je n'ai pas pensé à chercher les enfants y figurant pour les leur remettre. Tu te rends compte, ton cousin et toi y êtes peut-être et ce souvenir si important pour vous dort dans mon ordinateur. »

Poliment il me remet l'adresse courriel que je lui demande et me promet de se renseigner.

Le soir même, sans attendre sa confirmation quant à la date de sa fuite du Rwanda, je lui envoie les quatre photos, comme je le ferai encore plusieurs fois ensuite, partageant des images d'inconnus, espérant sans doute que ces quatre images pourront créer un lien, parlant de nous comme d'une entité qui aurait perduré dans le temps, « les enfants des convois », tout en pensant que je suis peut-être, à cet instant-là, la seule à croire à cette « entité ».

Deux jours plus tard Rodrigue me répond : son cousin Abdul et lui se trouvaient dans le convoi du 3 juillet. Il ajoute : « Si tu trouves d'autres photos, envoie-les-moi que je les regarde. »

J'ai souvent repensé à cette conversation. J'ai tenté de donner un sens à l'apparente tiédeur du jeune homme. Sa réaction était-elle due au fait que je lui parlais d'évènements remontant à sa petite enfance, d'un moment précis dont il n'avait pas le souvenir, contrairement à moi qui, alors âgée de 15 ans, ai gardé en mémoire tant de détails de cette journée particulière ? Ou bien était-ce parce qu'il avait vécu des choses beaucoup plus marquantes, la séparation d'avec ses parents, les menaces de mort constantes, des évènements plus terribles encore ? Si au moins j'avais pu lui donner un cliché des membres de sa famille disparus…

La réaction de Rodrigue m'a désarçonnée. Elle m'a forcée à accepter l'idée que tous les autres n'accorderaient peut-être pas aux photos autant d'importance que moi qui explore la question mémorielle depuis plus d'une décennie.

Paradoxalement, cette rencontre joue le rôle d'un déclic : je décide de retrouver les enfants que l'on voit sur les quatre photos pour les leur remettre. Même si cela ne doit intéresser qu'un seul d'entre eux, je me dis que cela en vaut la peine.

Ces photos, cette histoire que je vais tenter de reconstituer, disent ce qui nous lie depuis 1994, une communauté d'expérience. Elles sont la preuve que ce jour-là, à cet endroit précis du pays qui avait alors la plus forte densité de tueurs au monde, nous leur avons échappé une dernière fois, devenant par là même des survivants.

Elles auront toujours le mérite d'exister pour ceux qui sentiront un jour le besoin de les consulter, quand le temps sera venu pour eux. C'est ce que Rodrigue et d'autres enfants après lui me diront, avec cette retenue si rwandaise qui fait parfois croire à de l'indifférence : « Si tu trouves d'autres photos, envoie-les-moi que je les regarde. »

J'ai donc compris que ces images, que j'ai longtemps gardées en ma possession sans rien en faire, sont précieuses. Pourtant, quand je les avais reçues, j'en avais presque été déçue. Je cherchais une trace de moi, mais je n'étais visible nulle part. Étais-je à l'époque dans le même état d'esprit que Rodrigue ? Il me faut pour le savoir revenir au moment où elles sont entrées en ma possession.

Voici comment tout a commencé.

Bordeaux – Londres, automne 2007

Je suis enceinte. Nous savons, mon mari et moi, que ce premier enfant sera un garçon. J'ai accueilli cette grossesse, souhaitée, avec une tranquillité dont je ne m'imaginais pas capable. Quelques années plus tôt, la lecture du *Kaddish pour l'enfant qui ne naîtra pas* de Kertész m'avait plongée dans un grand trouble. Le soliloque oppressant et sombre de l'écrivain hongrois m'avait amenée à me poser pour la première fois la question de la parentalité après un génocide. Quel sens pouvait avoir une telle décision, celle de faire advenir une vie dans un monde dont j'avais pourtant constaté toute l'inhumanité ? Kertész avait survécu à Auschwitz au même âge que moi en 1994, le même aussi que l'amie rescapée, Annick Kayitesi-Jozan, qui m'avait fait découvrir cet écrivain. Annick, que j'ai toujours appelée par son joli surnom d'enfance, « Zouzou », est aussi un des enfants des convois, elle a fait partie de celui de juillet. Elle a été la première à écrire son témoignage. Son fils est né à quelques mois de distance de mon aîné. Nous nous sommes souvent perdues de vue et retrouvées au fil des ans.

Là où Kertész a fait le choix de ne pas être père, nous avons suivi, Annick et moi, une autre voie. Et si avant la grossesse j'ai souvent été saisie par une incertitude tenace, celle-ci a disparu dès que j'ai su que j'allais devenir mère. J'ai eu alors, sans que je sache d'où cela me venait, l'assurance que l'on peut survivre à la survie et tisser de nouveau un rapport de confiance au monde. J'ai aussi pris la résolution, à ce moment-là, de tout faire pour protéger mon fils d'une transmission traumatique, non en lui imposant un silence – dont je savais qu'il ne résolvait rien –, mais au contraire en lui racontant mon histoire petit à petit, à la mesure de ce que son cœur d'enfant pourrait comprendre et contenir.

À l'automne 2007, je travaille pour Aides, l'association de lutte contre le sida. Je m'occupe, entre autres choses, d'animer un groupe de parole de femmes séropositives, pour la plupart contaminées au début des années 1990 et survivantes de cette époque terrible d'avant la trithérapie. Elles ont des gestes et des mots très doux devant mon ventre qui s'arrondit. Certaines ont transmis sans le savoir le virus à leurs enfants qui vivent désormais une vie fragile, constamment médicamentée. D'autres, plus jeunes, espèrent se voir autorisées à tomber enceintes sans le risque de contamination que leur oppose encore le corps médical.

Je vais devenir mère et je comprends aujourd'hui que c'est sans doute cela qui m'a décidée.

Je suis enceinte de quatre mois lorsque je consens à ce que mon mari contacte la BBC. Je lui ai raconté l'histoire de ces gens qui ont dit nous avoir vues, ma mère et moi, dans un reportage diffusé sur la chaîne britannique en juin 1994. C'est un vague souvenir auquel je n'ai jamais accordé beaucoup d'importance, contrairement à mon mari qui a plusieurs fois évoqué la possibilité de rechercher ces images.

Il a trouvé sur internet le nom d'un des reporters britanniques dépêchés au Rwanda par la BBC entre avril et juillet 1994. Il lui envoie un mail.

Je n'ose croire que nous recevrons une réponse.

Quelques jours plus tard pourtant, le 6 décembre, elle arrive.

Mark Doyle, « World Affairs Correspondent », écrit :

Monsieur Mairesse[1]

Vous posez une grande question. J'aimerais pouvoir vous aider mais je crois qu'il me faudra plus de détails. Ensuite je pourrai faire circuler votre question auprès

1. Les traductions depuis l'anglais sont de l'autrice.

de la demi-douzaine d'employés de la BBC qui étaient présents au moment du génocide (comme je l'étais) et cela rafraîchira peut-être leur mémoire.

Je dois cependant vous avertir qu'il est extrêmement peu probable qu'une équipe de tournage ait conservé les « rushes » (images non éditées) d'un tel évènement, et il est même peu probable, même si cet évènement a été diffusé dans un sujet de journal télévisé, que nous ayons gardé l'histoire – elle peut être quelque part dans les archives, mais cela pourrait être une tâche titanesque de la trouver…

Nous aurions besoin de savoir exactement où l'évènement s'est produit – quel poste-frontière avec le Burundi ?

Quand exactement ?

Comment savez-vous que c'était une équipe de la BBC ? – étaient-ils noirs/blancs/asiatiques/des hommes ou des femmes ? Combien étaient-ils ? Est-ce que vous ou votre femme leur avez parlé ? Étaient-ils avec des gens d'une ONG ou peut-être des gens des Nations unies ? Connaissez-vous leurs noms ? Je ferai ce que je peux pour vous aider – mais s'il vous plaît, en raison des réserves que j'ai formulées ci-dessus, n'ayez pas trop d'espoir.

Bien cordialement

Quoique pleine de précautions, cette réponse fait naître en moi quelque chose de nouveau. L'ébauche d'une possibilité. Je pense désormais à cette image de nous comme à un horizon. Elle devient concrète, désirable.

L'internet accessible au grand public, qui n'existait pas en 1994, est devenu le réceptacle d'archives éparses, foisonnantes, et un incroyable carrefour où hier et aujourd'hui peuvent dialoguer.

Nous envoyons prestement à Mark Doyle les réponses à ses questions et attendons, le cœur battant. J'ai dit me souvenir de deux hommes jeunes, un blond et un roux, qui étaient montés dans le camion avec nous. J'ai dit que le convoi nous avait emmenés d'une école secondaire de Butare jusqu'à la frontière de l'Akanyaru. Qu'une fois arrivés là-bas nous avons dû sortir du camion, et qu'à cet endroit un militaire a voulu tirer sur ma mère. Que c'est la présence de la caméra qui l'en a empêché.

Après avoir confirmé qu'il ne faisait pas partie de l'équipe qui a accompagné le convoi de Terres des hommes, Doyle fait suivre notre message à ses collègues présents au Rwanda durant le génocide.

Deux jours après, le 9 décembre 2007, nous recevons ce message :

> *Je pense qu'il y a une possibilité pour que mes collègues Glenn Middleton, Tony Wende et moi-même ayons été dans ce convoi. Nous avons accompagné un convoi de Terre des hommes de l'école à la frontière, bien que je ne sois pas sûr de la date. Mais il est*

vrai que Glenn, qui est cameraman, est blond, tout comme Tony, l'ingénieur du son. Tous deux étaient debout dans le camion. Je conduisais juste derrière eux. D'après mes souvenirs, la majorité des personnes présentes dans le convoi étaient de jeunes Tutsi fuyant le génocide. Nous avons été arrêtés plusieurs fois par des Interahamwe[1] *sur la route de la frontière.*

Bien cordialement,
Fergal Keane

Treize ans après les faits, il a suffi de quelques courriels pour les retrouver.

Mark Doyle, qui en est lui-même émerveillé, nous écrit :

Je suis juste abasourdi que nous soyons parvenus jusqu'ici à partir d'un lien aussi ténu. Le monde devient vraiment plus petit avec ce genre de communication possible !

Je prends la mesure de cette chance et, à partir de là, je m'investis totalement dans l'enquête qu'a initiée mon compagnon. Désormais c'est moi qui vais correspondre avec toutes les personnes et suivre les différentes pistes. Après avoir remercié Fergal pour sa réponse, je lui explique que je cherche le reportage dans lequel des gens ont dit nous avoir vues.

1. Surnom que se donnaient les miliciens hutu.

Il me répond sans tarder :

Chère Beata

Oui, nous avons un film. Mais je voudrais être sûr que nous parlons de la bonne évacuation. Il semble quasi certain que ça soit le cas. Le convoi était accompagné du préfet de l'époque, un certain Sylvain Nsabimana. Il se fait qu'il est actuellement jugé au Tribunal pénal international pour le Rwanda. Je me souviens aussi qu'il y avait un humanitaire japonais dans l'un des camions et une femme blonde ainsi que l'homme de Terre des hommes.

Je me souviens que nous sommes d'abord allés à l'école et avons filmé l'embarquement des enfants. Mon souvenir est que la plupart de ceux qui voyageaient étaient des enfants. Certains avaient des pansements à cause de leurs blessures. C'était un voyage très effrayant avec la milice sur la route. Je suis toujours hanté par le souvenir de Butare, surtout celui des gens qui se trouvaient devant le bureau du préfet. C'étaient des Tutsi qui étaient allés s'y réfugier.

Mon numéro de téléphone est le 0044….

Si vous pouviez m'appeler, ce serait très bien.

Au même moment, un autre journaliste sud-africain de la BBC, dépêché lui aussi au Rwanda en 1994, mais qui n'était pas dans l'équipe de juin, également destinataire du message de Doyle, répond pour sa part depuis New Delhi :

Je pense que certaines de ces images peuvent être au Tribunal pénal international d'Arusha – Veuillez vérifier avec eux.

Je n'ai pas tout de suite suivi ce conseil. Il me faudra treize autres années et de nouvelles avancées technologiques permettant la création d'archives en ligne du Tribunal pour que je repense à cette piste.

Pour l'heure, en décembre 2007, je tente de joindre Fergal Keane par téléphone, sans succès. Il me recontacte en janvier 2008 et nous parlons un moment de nos souvenirs de 1994. Il me dit qu'il a relaté les deux semaines passées en reportage avec son équipe dans un livre, *Season of Blood. A Rwandan Journey*[1], publié en 1995. Il me dit qu'il va chercher une copie du documentaire que leur équipe a réalisé pour le magazine de la BBC *Panorama* et qu'il pourra me la remettre si je viens à Londres.

L'année passe. Notre fils naît au printemps.

Je recontacte Fergal en novembre 2008. L'enfant est suffisamment grand pour que nous puissions nous absenter quelques jours en le laissant aux bons soins de ses grands-parents paternels. Vers la fin de mon courriel, que j'ai relu récemment, j'écris : « Maintenant que je suis devenue mère, la question de la “transmission de la mémoire” et la possibilité

1. *Season of Blood. A Rwandan Journey*, Penguin Books, 1995.

de montrer ces images à mon fils, pour qu'il comprenne la façon dont j'ai survécu, prend encore plus de sens pour moi. »

Dans sa réponse tardive Fergal s'excuse en expliquant qu'il a été malade. J'ignore alors de quoi il souffre et j'imagine qu'il s'agit d'une simple grippe hivernale.

Nous profiterons d'une conférence de chercheurs à laquelle mon mari est invité à Londres au printemps suivant pour aller à la rencontre de Fergal. Il nous a donné rendez-vous à la gare de Waterloo. Il a l'air épuisé. Il nous explique d'emblée qu'il a été hospitalisé en psychiatrie et que son épouse s'est montrée un peu réticente à ce qu'il vienne nous rencontrer. Elle craignait que notre rendez-vous ne ravive le traumatisme du génocide. Il nous emmène dans un restaurant du coin où il a également donné rendez-vous à David Harrison. Âgé de 60 ans en 1994, David était un des producteurs les plus respectés de la BBC. C'est un ancien officier de l'armée britannique, et au moment du génocide il se trouvait être le plus expérimenté de l'équipe et le plus francophone. Fergal, lui, avait alors à peine 33 ans. Pratiquement l'âge que j'ai quand je le retrouve à Londres.

J'ai apporté quelques photos de moi et de ma famille avant 1994, comme pour prouver que mon histoire est vraie. Fergal et David ne se souviennent pas de moi dans le groupe d'enfants évacués. Mais nos souvenirs se rejoignent sur plusieurs points. Ils ne s'étaient pas aperçus que leur présence avait sauvé la vie de ma mère. Je décris ce jeune soldat qui l'a mise en joue, à la frontière, et l'officier présent, qui l'a arrêté en lui montrant d'un geste discret les journalistes en train de filmer à quelques pas de nous.

Les deux hommes nous racontent leur périple rwandais. David euphémise ironiquement la description qu'il fait des miliciens Interahamwe aux barrières : « C'étaient des jeunes hommes très incorrects. » Fergal, visiblement encore hanté par ce qu'il a vu là-bas, s'emporte : « Tu veux dire que c'étaient des brutes sanguinaires, oui ! » Ils nous parlent aussi des autres membres de l'équipe, tous trois nés sur le continent : Tony et Glenn sont des Sud-Africains blancs ; le premier est un journaliste qui durant le reportage prenait le son, le second un cameraman. Pour la partie tournée sur le territoire contrôlé par les génocidaires hutu, ils ont été rejoints par Rizwana (Rizu) Hamid, journaliste britannique d'origine pakistanaise qui parle couramment le swahili car elle a grandi en Tanzanie.

Entre ce qu'ils nous relatent ce soir-là et ce que je lirai dans le livre de Fergal, je parviens à imaginer ce qu'ils ont vécu durant les deux semaines qu'ils ont passées dans mon pays en juin 1994.

Lorsque le génocide commence, le 7 avril, Fergal, comme ses compagnons, est en Afrique du Sud où ils se préparent pour la première élection multiraciale du pays. Le reporter reconnaît qu'il a d'abord prêté peu d'attention aux nouvelles qui arrivaient de Kigali, trop occupé par les évènements historiques qui se déroulaient à Johannesburg : « L'attention du monde était focalisée sur les élections et je venais de passer quatre ans à me préparer à ce moment. »

Au terme du scrutin qui se déroule du 26 au 29 avril, Mandela est élu. Le monde entier préfère regarder cette Afrique résiliente et joyeuse, qui a mis fin au régime de l'Apartheid, plutôt que celle, violente et vue comme « tribale », que lui renvoie le Rwanda.

C'est donc seulement début juin que les quatre journalistes commencent leur reportage, en pénétrant dans le pays par la frontière ougandaise, c'est-à-dire le côté contrôlé par le Front patriotique rwandais [1]. Composé majoritairement de réfugiés tutsi dont les familles ont fui les pogroms des années 1950 à 1970, le FPR mène depuis l'automne 1990 une guérilla pour imposer au pouvoir hutu le retour au pays des exilés. Ils ont lancé leur attaque depuis l'Ouganda, où nombre d'entre eux sont nés ou ont grandi dans des camps de réfugiés. Jusqu'en 1994, les combats de cette guerre civile qui ne dit pas son nom se sont concentrés au nord du pays. Un cessez-le-feu a cependant été obtenu, accompagné du déploiement

1. Voir la carte p. 331.

d'une force onusienne de maintien de la paix. Les négociations menées sous l'égide de la « communauté internationale » venaient d'aboutir à des accords de paix [1], prévoyant un partage du pouvoir et le retour des réfugiés, lorsque les extrémistes hutu, qui rejetaient ces accords, ont enclenché leur plan d'extermination des Tutsi, le 7 avril 1994. Dès ce jour, de nombreux ministres et personnalités politiques hutu démocrates sont massacrés et un gouvernement par intérim composé de partisans de la « solution finale » est instauré.

Les rebelles Inkotanyi, comme on appelle les militaires du FPR, vont alors reprendre les armes pour arracher le pouvoir des mains des extrémistes hutu.

David, le producteur, a organisé le reportage de la BBC en amont, notamment en contactant des représentants du FPR basés à Bruxelles, qui ont informé ceux du front de l'arrivée de l'équipe. Durant une semaine les journalistes vont être accompagnés par un officier en charge de l'information du FPR qui a grandi en exil en Ouganda. Celui-ci les mène sur le front qui oppose son camp à une armée gouvernementale hutu, par ailleurs occupée à massacrer aux côtés des miliciens Interahamwe.

Au moment où le reportage commence, plus de la moitié du pays est déjà aux mains des rebelles

1. Accords d'Arusha, signés en plusieurs étapes, entre juillet 1992 et août 1993.

tutsi qui découvrent des centaines de charniers sur les collines qu'ils libèrent. L'un d'eux se trouve à l'église de Nyarubuye, où environ 20 000 personnes ont été tuées à la mi-avril. Fergal, David, Tony et Glenn sont parmi les premiers journalistes étrangers à s'y rendre. Le jeune reporter écrit, au début du chapitre qu'il consacre à cette découverte macabre :

« Comment est-ce que j'écris cela, comment rendre justice à ce qui attend au bout de cette route ? De la façon la plus simple possible. Ceci n'est pas un sujet pour une belle langue. » Il dit les corps qui jonchent les sols, dont la décomposition n'a pas encore effacé l'horreur, les cris suspendus sur les visages, l'odeur qui ne ressemble à rien de connu, irrespirable, les rats. Il dit leur suffocation, les bouteilles de whisky et les cigarettes qu'ils se partagent une fois les lieux quittés, et qui atténuent à peine leur sidération.

C'est cette scène de l'église de Nyarubuye qui continue de hanter le journaliste quand nous le retrouvons à Londres en 2009.

Leur reportage les mène également dans diverses zones du pays tenues par le FPR, et notamment là où les combats font rage autour de Kigali. Quand il quitte le lieutenant rebelle, Fergal lui offre le recueil de poèmes de Keats dans lequel il a tenté de trouver un peu de paix depuis qu'il a mis les pieds au Rwanda.

La suite de leur voyage va se dérouler dans la zone encore tenue par le gouvernement hutu extrémiste. Les quatre hommes sont rejoints à la frontière burundaise par Rizu Hamid, une jeune journaliste de la BBC qui a déjà fait plusieurs incursions dans cette partie du pays. Leur nouvelle escorte est un sergent de l'armée gouvernementale. Rizu est parvenue à le convaincre que c'était dans l'intérêt de l'armée rwandaise de les autoriser à aller jusqu'à Butare, la ville la plus au sud du pays, en lui expliquant que la BBC souhaitait avoir « la version de l'autre partie ».

Dans son livre *Season of Blood*, Fergal Keane relate les différents entretiens qu'il a menés durant les trois jours passés à Butare avec les dignitaires hutu de la ville. Le recteur de l'Université nationale du Rwanda, intellectuel bilingue formé en Belgique et au Canada, a nié les massacres en sirotant son whisky. Il a même invité le journaliste irlandais à regarder la télévision avec sa famille, le soir où l'Irlande disputait un match de la Coupe du monde de football qui se déroulait au même moment aux États-Unis. Fergal a décliné. Il ignorait alors que l'épouse du recteur, Pauline Nyiramasuhuko, était la ministre de la Famille et du Progrès des femmes du gouvernement intérimaire et qu'elle allait entrer dans l'histoire comme la première femme condamnée pour génocide. Durant leur bref séjour à Butare, les journalistes ont aussi rencontré le préfet Nsabimana (dont Fergal mentionne le procès en cours au Tribunal pénal international dans son premier courriel de 2007). Nsabimana a été nommé préfet par intérim en avril 1994, au lendemain de l'assassinat de son prédécesseur qui était le seul préfet tutsi du pays. Nsabimana a été placé là par les caciques du régime, les plus extrémistes des cadres hutu (dont Pauline Nyiramasuhuko) d'une ville considérée comme trop modérée et qui avait tardé à entrer dans le génocide. S'il se trouve *de facto* à la tête d'une administration dédiée à l'extermination des Tutsi de la préfecture, Nsabimana, fonctionnaire jusqu'alors sans grande envergure, va cependant jouer un rôle important d'adjuvant dans la circulation des convois de Terre des hommes et donc de notre sauvetage. Le journaliste de la BBC le décrit dans son livre comme un homme affable, prêt à leur fournir le laissez-passer qui leur permettra de circuler dans Butare. S'il ne nie pas les tueries dans sa préfecture, Nsabimana dit qu'elles sont le fait de « têtes brûlées » et d'une guerre. Il assure que les centaines de Tutsi apeurés et affamés qui ont été rassemblés sur le terrain devant son bureau sont sous sa protection et n'y risquent rien. Le reporter irlandais ne s'y trompe pas quand, dans le documentaire, il commente : « J'ai pourtant l'impression que ces personnes ne seront plus en vie au moment de la diffusion de ce reportage. »

Pour montrer sa bonne foi, le préfet informe les étrangers qu'il va essayer le lendemain d'aider à l'évacuation de plusieurs centaines d'orphelins vers le Burundi. Une ONG suisse a réuni les enfants, certains sont blessés, d'autres traumatisés. Il explique qu'il est en train de négocier avec l'armée pour les laisser traverser la frontière.

Il se montre disposé à ce que l'équipe de la BBC couvre cette opération de sauvetage et leur donne rendez-vous le lendemain à l'école sociale, où l'ONG héberge ces enfants.

C'est ainsi que notre évacuation a été filmée par l'équipe de la BBC qui nous a accompagnés jusqu'à la frontière. Nous sommes partis au Burundi, les journalistes et le préfet sont rentrés à Butare. Nsabimana a été démis de ses fonctions.

Revenons à cette vidéo de la BBC.

En avril 2009, mon mari et moi quittons Londres avec la promesse que nous a faite Fergal de nous envoyer le film qu'il avait réalisé au Rwanda. Il est devenu l'une des plus grandes voix de la BBC et doit pouvoir obtenir facilement du service des archives une copie du film de l'émission *Panorama*, qu'il dit ne plus avoir regardée depuis 1994 pour éviter de raviver le traumatisme.

Des semaines passent. Je suis impatiente de recevoir la vidéo. C'est la même impatience que celle que j'éprouverai treize ans plus tard en attendant les fichiers du photographe italien de Terre des hommes. Les gens auxquels je m'adresse ne semblent pas saisir à quel point chaque piste fait naître en moi une grande attente, celle de trouver enfin cette image manquante. Ils ont leurs vies, leurs propres problèmes, d'autres priorités. Pourquoi ne comprennent-ils pas mon impatience, eux qui pourtant étaient sur place, eux qui savent ce que nous avons traversé ? Mais peut-être que j'en demande trop. Est-ce que ça a été ainsi pour les autres survivants, pour les déportés recherchant des traces ? Est-ce que l'expérience du génocide décale à jamais notre temporalité par rapport à celle des autres ?

Je relance Fergal, qui m'annonce que le film arrive bientôt. Dans son courriel il écrit aussi :

Chère Beata,

Je veux que vous sachiez que vous rencontrer a été l'un des moments les plus importants que j'ai vécus depuis 1994. C'est drôle comme l'année 94 semble être la fin et le début des choses, elle se dresse comme une pierre tombale et un panneau en même temps. Vous voyez, je porte des sentiments de culpabilité et d'impuissance depuis, et j'ai été très troublé par des rêves et des flash-backs. Je vais beaucoup mieux maintenant, mais le plus important pour moi a été de vous entendre me dire que notre présence avait aidé à la survie de votre mère. C'est pourquoi j'ai été submergé par l'émotion à table. Je suppose qu'il y a encore beaucoup de douleur emprisonnée en moi. Le Rwanda est toujours là. Toujours. Mais vous voir, vous et votre merveilleux mari, vous voir heureux et savoir que vous avez un bel enfant, eh bien, cela fait une grande différence. La vie doit gagner. Il le faut tout simplement. Et la vie peut être très belle. Merci pour le cadeau de l'espoir, ma chère Beata.

Avec amour et mes meilleurs vœux,
Fergal

Le film est enfin arrivé. Je l'ai visionné trois fois de suite, en boucle. J'y ai retrouvé ce que j'avais lu dans le livre de Fergal. Et comme dans le livre, la partie consacrée au convoi du 18 juin occupe une portion congrue de l'ensemble. On y voit les enfants montant dans les camions dans la cour de l'école de Butare, sous la supervision des humanitaires et du préfet. Puis la route filmée depuis un des véhicules, les barrages où des miliciens armés d'outils à tuer, machettes, faucilles, gourdins, regardent les petites proies leur échapper, le préfet dans sa berline noire ouvrant le passage. Au poste-frontière il est interviewé. Vêtu d'une belle chemise colorée, il explique, souriant : « Quand il y a la guerre il y a toujours des enfants sans père, sans mère. Je me sens obligé d'intervenir pour les sauver, ceci sans distinction. L'enfant est ce qu'il est, l'enfant n'est pas responsable des troubles ou des problèmes qui se sont posés dans le pays. »

La séquence du convoi se termine par un plan rapproché sur le préfet et l'humanitaire suisse de Terre des hommes (j'ignore alors son nom), appuyés sur la guérite du poste-frontière et regardant les enfants s'éloigner. Un second plan montre ces derniers au loin, foule compacte avançant vers le drapeau burundais.

J'ai appuyé sur « pause » plusieurs fois et scruté les images en quête de mon visage et de celui de ma mère. Mais rien. Nous n'étions pas dans ce documentaire. Étions-nous restées hors du champ de la caméra ? Ceux qui avaient dit nous avoir vues à la BBC avaient-ils menti ? Ou s'étaient-ils trompés ? À moins que leur « on vous a vues » n'ait désigné tout le groupe du convoi ? Je n'ai plus le souvenir précis du moment et des termes dans lesquels cette information nous est arrivée. Et ma mère a la mémoire encore plus trouée que la mienne.

Je suppose que d'autres images que celles qu'on peut voir dans le programme *Panorama* ont été tournées ce jour-là et qu'elles ont été diffusées dans un reportage du journal télévisé. Il me faudrait retrouver les JT des 19 et 20 juin 1994. Sont-ils conservés dans les archives de Londres ?

Je demande. On me répond qu'il n'y a que ça.

C'est tout.

Bordeaux – Johannesburg, été 2011

Mon mari reçoit un courriel de Tony (Hamilton) Wende, le preneur de son de l'équipe de la BBC. Il dit nous avoir écrit à la suite du premier message collectif de Mark Doyle, en 2007, mais nous n'avons jamais reçu son courriel. « J'ai des photos des enfants dans les camions qui pourraient vous intéresser », écrit-il. Wende explique qu'il a commencé à donner des cours de journalisme et que ce sont ses élèves, dans une école au Lesotho, auxquels il avait raconté l'histoire du convoi et auxquels il avait montré les photos, en mentionnant le message de mon mari, qui l'ont vivement incité à nous recontacter.

J'ouvre les pièces jointes le cœur battant, espérant me reconnaître sur un des clichés. Je cherche en vain mon visage. Je reconnais le camion, c'est celui dans lequel nous étions. Je scrute le fond de l'immense benne. Ma mère et moi n'aurions pas dû nous y trouver, nous étions trop vieilles selon l'autorisation d'évacuation accordée à l'ONG. Il nous avait donc fallu nous cacher, allongées au fond du container, recouvertes de tissus. Nous avions voyagé ainsi la plupart du temps. Quand le camion roulait, portes à moitié fermées, nous pouvions nous asseoir dans la pénombre et lever un coin du tissu pour respirer. Les enfants étaient au courant de notre présence, ils savaient qu'il fallait nous dissimuler aux yeux des tueurs qui scrutaient la pénombre aux arrêts. Avant chaque barrière où les miliciens ouvraient les portes pour regarder dans le camion, nous nous recouchions sous les pagnes, immobiles, retenant notre souffle, et les petits du fond s'asseyaient sur nous.

Tony a envoyé quatre photos. Les trois premières montrent des enfants assis dans le camion de marchandises. La quatrième est une scène d'extérieur, prise à la guérite de la frontière. Les photos me sont arrivées numérotées de 56 à 60. Il manque la 59.

La première, la n° 56, est une vue d'ensemble du camion, en contre-plongée sur un container aux parois rouge sombre dont les deux battants arrière sont ouverts, un container où s'entassent une cinquantaine d'enfants. Ils ne semblent pas effrayés. J'imagine que le photographe l'a prise en se tenant debout sur le marchepied arrière du camion. Le visage impassible, quelques enfants fixent l'objectif, la tête légèrement levée. Les autres, dans leur grande majorité, ont le regard tourné vers quelque chose ou plutôt quelqu'un qui doit être debout derrière le camion, à la gauche du photographe. Plusieurs enfants esquissent un sourire en le regardant. Certains sont accroupis, les plus petits sont assis sur les genoux des plus grands.

La deuxième photo (nº 57) a été prise face au camion, presque en contrebas ; on n'y voit donc que la première rangée des enfants assis, du côté droit. Les visages sont plus fermés, sans hostilité mais avec un sérieux rare pour cet âge. Je me demande si cette photo n'a pas été la première prise par le photographe, que le hasard d'un classement *a posteriori* aurait dérangée. Sur la poitrine de plusieurs enfants, on distingue des étiquettes en papier blanc mentionnant un nom et un numéro.

Le cliché nº 58 est un plan rapproché, pris également depuis le marchepied. Il se concentre sur le flanc gauche du camion. En comparant les motifs et les couleurs des tissus des vêtements, ainsi que les visages, je retrouve des enfants qui figurent sur l'une ou l'autre des deux photos précédentes.

Visiblement, les enfants ont été lavés et vêtus de beaux habits propres avant de monter dans le camion. Il y a un décalage entre leur mise et la réalité de ce qui est en train de se produire. Les Tutsi, pourchassés dans les collines alentour, sont en fuite depuis plus de deux mois, sans possibilité de se laver, hirsutes. Seuls les bandages sur les corps des enfants, traces des coups auxquels ils ont survécu, et l'entassement dans cette remorque habituellement réservée aux sacs de marchandises ou aux casiers de boissons démentent l'impression légère, apprêtée que donne la photo.

La n° 60, prise plus tard, montre une quinzaine d'enfants qui se tiennent debout, appuyés sur la barrière marquant la frontière entre le Rwanda et le Burundi.

La barrière est peinte de rouge et de blanc. Sur le socle un peu rouillé à gauche de l'image, un mot est tracé à la craie, en lettres capitales : « ARIYERI ». J'ignore ce que cela signifie, mais c'est très probablement le mot français « arrière » prononcé à la rwandaise et écrit phonétiquement. À moins que ça ne soit une « barrière » qui aurait perdu son « b ». Il fait chaud, quelques pulls ont été posés sur la barrière, d'autres sont noués aux hanches.

Les petits doivent pour la plupart venir de l'autre camion car je ne reconnais pas les visages des précédentes photos. Ils regardent le photographe, qui se tient côté Burundi, comme d'ailleurs deux des enfants. Il semble que le passage dans l'autre pays, s'il est imminent pour les uns, est déjà acquis pour les plus jeunes, qui n'ont sans doute pas la même notion de la matérialisation physique d'une frontière. La fatigue se lit sur les visages ; le voyage n'est pas terminé. Pour les plus âgés, on devine aussi un peu d'inquiétude. Ils n'ont pas encore traversé. Ils ignorent ce qui se passera ensuite, une fois arrivés de l'autre côté. La mémoire des tueries auxquelles plusieurs ont survécu est encore vive. Au second plan, on devine le poste-frontière, simple bâtiment en brique tout en longueur avec un toit de tôle qui fait une avancée pour offrir une mince barza où les gens, en temps normal, peuvent s'abriter du soleil ou de la pluie. Plus loin encore, la colline monte vers quelques maisonnettes entourées de bananiers. Si ce n'était le regard de vieillard qui mange le visage de certains enfants, on pourrait croire à un départ en excursion ou en vacances. Une grande famille, des frères et sœurs, des cousins qui attendent sagement que des parents ou des animateurs, qui les ont habillés avec leurs plus beaux vêtements, aient fini de faire tamponner les passeports pour passer la frontière.

En recevant le courriel de Tony Wende, je crois d'abord à un nouvel échec. Puis je regarde de plus près la photo n° 56. Il y a là une forme à laquelle moi seule peut donner un sens, parce que j'en connais l'histoire. Aussi fou que cela puisse paraître, cette photo, sur laquelle ma mère et moi sommes invisibles, est la preuve que nous avons bien été cachées là. On distingue une forme sombre dans le renfoncement à droite. Je pense même qu'on peut voir un bout de la coiffure afro de ma mère. Il y a quelque chose de vide et de plein à la fois dans cet angle-là, surtout si on le compare à son angle symétrique, à gauche, là où des enfants sont assis jusqu'à toucher de leur dos la paroi du fond. C'est une présence-absence qui raconte mieux que tout le ressort de notre survie, barrage après barrage. Je me dis que pour l'heure cette trace me suffit.

Je remercie Tony puis je range les photos.

Je ne m'attarde pas sur les autres enfants. Ma quête alors est purement individualiste, personnelle.

Les autres filles sauvées par Terre des hommes que je connais, comme mon amie Annick et sa sœur Aline, ont toutes fait partie du dernier convoi, celui de juillet. Je n'imagine pas qu'elles puissent être intéressées par les photos de juin.

Les années passent, remplies de lectures qui changent mon rapport aux traces, aux archives.

Tourtour, été 2022

Ce qui m'a frappée quand je me suis de nouveau intéressée aux photos du convoi, c'est qu'il y en avait quatre. Ce nombre me renvoyait à quatre autres photos, prises, elles, à Auschwitz-Birkenau, par des membres du *Sonderkommando*. D'après ce que je sais, ce sont les seules images sorties du camp d'extermination, en dehors de celles réalisées par les bourreaux allemands. Les *Sonderkommandos* étaient ces équipes constituées de déportés forcés d'assurer l'évacuation des cadavres et le nettoyage dans les chambres à gaz et les fours crématoires. Eux-mêmes étaient condamnés à être assassinés : les équipes devaient régulièrement changer et chaque nouveau groupe avait comme première tâche la crémation de ses prédécesseurs.

C'est en août 1944 qu'un groupe est parvenu à se procurer un appareil et à prendre clandestinement les photos. La pellicule a été cachée dans un tube de dentifrice et sortie clandestinement par une Polonaise qui travaillait dans le camp. Elle allait le transmettre aux résistants afin d'alerter les Alliés sur l'extermination en cours à Auschwitz-Birkenau.

On imagine les risques inouïs encourus par le photographe pour voler ces images à la surveillance des kapos. Il a dû les prendre à la sauvette, de loin, faire le plus vite possible. Les photos nous sont arrivées numérotées, j'ignore par qui.

La première, la n° 280, montre des membres du *Sonderkommando* en train d'incinérer des corps dans une grande fosse d'où s'échappe de la fumée. Sur la suivante, la 281, la même scène apparaît avec notamment deux hommes qui semblent être en train de porter des corps afin de les jeter dans le feu.

Les deux suivantes sont prises d'un autre angle et avec un cadrage encore plus aléatoire. Sur celle qui porte le chiffre 282 on aperçoit des femmes nues qui se dirigent vers un endroit qui doit être le crématorium. Derrière elles, un groupe de personnes floues qu'on devine en train de se déshabiller sous les ordres aboyés par les kapos.

Quant à la dernière photo, elle ne montre que des arbres dans le ciel, signifiant bien que le photographe a dû agir très vite et n'a pas pu la cadrer ; on n'y aperçoit qu'un bout de la forêt de bouleaux qui entourait Auschwitz-Birkenau.

Pourquoi ai-je songé spécifiquement à ces photos lorsque j'ai reconsidéré celles de mon convoi rwandais ? Mis à part le nombre, quatre, et le contexte génocidaire, rien ne les lie. Celles de 1944 racontent une histoire de mise à mort, elles ont été volées à la machine concentrationnaire, elles sont la preuve du pire, alors que les clichés pris à la frontière rwandaise cinquante ans plus tard l'ont été librement, au vu et au su de tous. Ils sont parmi une grande série d'images capturées ce jour-là, par les appareils ou les caméras des journalistes, des étrangers qui n'étaient pas menacés de mort comme les déportés du *Sonderkommando*. Et surtout, ils témoignent d'un passage vers la vie et non d'une mise à mort.

Je déroule ces arguments et je repense à toutes ces fois où j'ai voulu tracer un parallèle entre la Shoah et le génocide contre les Tutsi et où j'ai constaté des réactions d'incompréhension ou de rejet de la part de mes interlocuteurs. J'ai assez tôt eu conscience de la notion d'unicité de la Shoah mais, comme beaucoup de survivants tutsi je crois, je reviens tendre la main à cette histoire qui a eu lieu un demi-siècle avant la nôtre, celle qui a fait l'objet du plus important travail de mémoire ces trente dernières années, tant dans le champ universitaire que dans le champ artistique.

À mon arrivée en France, j'ai eu la fausse impression que le génocide des Juifs avait toujours été un élément central de la mémoire collective européenne. Il y avait donc quelque chose de rassurant à s'identifier à ce récit-là : il était comme une référence qui pouvait permettre d'expliquer son chagrin au reste du monde. J'ai commencé à cheminer dans les mots de Kertész, de Levi et plus tard aussi d'Anna Langfus. Car il me semblait que leurs textes habillaient mon expérience d'une indispensable intelligibilité.

Au milieu des années 1990, cette histoire était très présente dans l'espace public. C'est en 1995 que Chirac a prononcé son fameux discours sur la rafle du Vél d'Hiv, et c'est de l'automne 1997 au printemps 1998 que s'est déroulé le procès Papon. Je suivais tout cela avec grand intérêt.

Ce n'est que bien plus tard que j'ai compris à quel point les premières décennies d'après-guerre s'étaient montrées silencieuses face à la Shoah. Il fallait alors reconstruire le pays, glorifier les résistants et se forger une histoire nationale dans laquelle la déshumanisation vécue dans les camps ne trouvait pas de place.

Il y a deux ans, j'ai lu, abasourdie, dans un texte écrit en 1945 par Marguerite Duras [1], qui venait tout juste d'accueillir son mari résistant, Robert Antelme, revenu cadavérique de déportation : « De Gaulle ne parle pas des camps de concentration, c'est écla-

1. Marguerite Duras, *La Douleur*, P.O.L, 1985.

tant à quel point il n'en parle pas, à quel point il répugne manifestement à intégrer la douleur du peuple dans la victoire. »

S'il ne parlait même pas des camps de concentration, lui qui allait quelques années plus tard appuyer la nomination de Papon comme trésorier de l'UDR, que dire des camps d'extermination et de ceux qui avaient été tués alors qu'ils n'étaient « même pas » résistants, ceux qui avaient été génocidés pour le seul fait d'être roms ou juifs ?

J'ai fini ainsi par me rendre compte que les survivants juifs avaient connu des décennies d'amertume et de silenciation après la guerre.

J'ai aussi pris conscience que ce qu'on présentait comme « le silence des survivants » occultait surtout un refus d'entendre. Annette Wieviorka explique ainsi, dans un texte publié il y a dix ans à peine, que « recherchant les premiers témoignages de la déportation, ceux écrits immédiatement après le retour, [elle avait] été surprise par leur nombre. Certains de ces textes avaient été publiés par de grands éditeurs, d'autres à compte d'auteur. Il se disait (on l'entend encore parfois) que les déportés n'avaient pas parlé. L'expérience des camps, dit-on, aurait été indicible, irreprésentable. Elle [avait été] en réalité surtout inaudible [1] ».

1. Annette Wieviorka, *L'Heure d'exactitude – Histoire, mémoire, témoignage. Entretiens avec Séverine Nikel,* Albin Michel, 2011.

Moi j'avais lu les récits et romans des survivants de la Shoah avec l'élan de qui espère bénéficier de l'expérience d'un aîné, se reconnaître en lui.

Il arrivait pourtant que cette identification me soit refusée.

Je me souviens de cette fois où j'avais été invitée à parler, au côté d'un monsieur rescapé, enfant juif caché durant la guerre, et de cette façon, sans doute naïve, que j'avais de dire « nous » en associant nos destins de survivants. Jusqu'à ce qu'il m'explique : « Je ne sais pas grand-chose de ce qui s'est passé chez vous, mais c'est vrai que c'est bien triste l'Afrique, toutes ces guerres, ces coups d'État et puis la pauvreté… » Je l'avais regardé atterrée, me rendant compte que ce que j'avais vécu n'était pour lui que ce qu'il voyait comme l'un des innombrables troubles qui traversaient ce grand pays-continent, *au cœur des ténèbres*, où, d'apres certains, « on s'entretuait depuis la nuit des temps ». Quand je lui avais demandé s'il considérait ou non les faits particuliers du Rwanda comme un génocide, il avait gardé le silence un instant, puis avait changé de sujet, sans voir sans doute combien cela me heurtait.

Fort heureusement, durant mon parcours, j'ai surtout rencontré des survivants ou enfants de survivants qui m'ont tendu la main, et j'allais plus tard trouver l'assurance d'une reconnaissance au Mémorial de la Shoah qui a souvent accueilli ces dernières années des rencontres autour du génocide des Tutsi.

Pour revenir aux quatre photos, c'est dans le livre *Écorces*[1] de Georges Didi-Huberman, lu durant ma résidence d'écriture à la Fondation des Treilles, à Tourtour, que j'ai trouvé les mots les plus justes pour traduire mon sentiment : « [...] toutes les images ne demeurent pas sans conséquence partagée. Il y a des images comme celles du *Sonderkommando* de Birkenau qui sont des actes collectifs et non de simples trophées ou bibelots privés. »

Même si les quatre clichés de 1994 ne sont pas le fruit du courage inouï d'un petit groupe de condamnés, j'avais eu l'impression, en décidant d'aller à la recherche de leurs protagonistes, qu'elles portaient en germe elles aussi quelque chose de cette conséquence partagée.

Je ne pouvais les garder, privées et inutiles, dans un fichier de mon ordinateur. Il me fallait d'une façon ou d'une autre les rendre à leur destin, celui de raconter une histoire collective, bien plus vaste que la mienne, dont je ne serais que le révélateur.

Une histoire que je n'ai pas pu m'empêcher de rapprocher de celle des *Kindertransport* (transport d'enfants), ces autres convois de la vie qui ont permis

1. Les Éditions de Minuit, 2011.

de transférer des milliers d'enfants juifs réfugiés depuis l'Allemagne, l'Autriche, la Pologne et les territoires tchèques vers la Grande-Bretagne entre 1938 et 1940.

C'est dans le roman *Austerlitz* de W.G. Sebald que j'apprends l'existence de ces opérations de sauvetage. Je découvre alors, grâce à des reportages ou documentaires en ligne, comment 9 000 à 10 000 enfants, dont 7 500 enfants juifs âgés de moins de 17 ans, ont fui leur pays, en train et en bateau essentiellement, seuls, pour échapper au nazisme. À leur arrivée, ils étaient accueillis dans des familles de juifs, de quakers, de chrétiens volontaires ou, pour les plus âgés, placés dans des auberges de jeunesse et des fermes.

Après la guerre, les enfants, devenus orphelins pour la plupart, leurs parents ayant été emportés par la Shoah, allaient prendre la nationalité britannique ou émigrer en Israël ainsi que dans d'autres pays anglo-saxons.

En 2009, un train spécial composé d'une locomotive et de wagons datant des années 1930 a été affrété par les survivants et leurs enfants pour refaire symboliquement le voyage. À l'arrivée, en Angleterre, ils ont rendu un vibrant hommage à Nicholas Winton, un des principaux organisateurs des *Kindertransport*, surnommé « le Schindler britannique ».

Winton était un véritable Juste qui avait tu son geste de bonté durant cinquante ans, jusqu'à ce que son épouse retrouve par hasard dans ses affaires une sacoche contenant la liste des enfants et les lettres et courriers de leurs parents.

En découvrant cette histoire, j'ai pensé à l'humanitaire qui a organisé nos convois rwandais, mort avant que nous ayons pu le remercier collectivement, et dont la plupart des voisins et amis ignoraient ce qu'il avait fait pour nous. J'ai pensé à cette liste de noms que je cherche depuis des années. Dort-elle dans une pochette oubliée dans un quelconque grenier ou un carton d'archives en Suisse ou en Italie ?

Je continue d'interroger mes tentatives de rattacher notre histoire à celle de la Shoah. Est-ce parce que, ayant développé depuis l'enfance une relation privilégiée à la lecture, c'est dans les livres que je suis allée chercher un sens à mon expérience d'adolescente ? Il n'y avait à ma disposition, au début, que des livres sur le génocide des Juifs. Les films de Rithy Panh sur le génocide perpétré par les Khmers rouges au Cambodge et les ouvrages sur le génocide des Arméniens ou celui des Roms ne sont arrivés que bien plus tard.

Les livres ont toujours été là, même avant le génocide, comme un refuge pour l'enfant trop différente que j'étais, à la fois transfuge de classe et de race, considérée comme une Blanche chez les Noirs et comme une Noire chez les Blancs. Je lisais pour sortir un peu de mon quotidien morose d'enfant unique, parfois isolée parce que plus pauvre, et sans père. Mais plutôt que de m'échapper de ma condition par des histoires heureuses, je m'attachais à des destins plus sombres encore que le mien.

Pendant les premières semaines du génocide, alors que ma mère et moi vivions recluses dans notre appartement, ombres silencieuses et terrorisées, je profitais de la lumière du jour pour lire sans relâche ou relire tout ce que je trouvais dans notre minuscule bibliothèque. J'avais reçu, l'année précédente, à la fin du collège, un livre d'histoire du vingtième siècle, offert par l'école internationale de Butare. Fréquenté essentiellement par des enfants d'expatriés et les enfants des Rwandais les plus aisés, cet établissement privé était rattaché au système éducatif belge, et je n'avais pu y être inscrite que grâce à un parrainage extérieur. C'est là que j'avais appris à lire et écrire en français très jeune, là que j'avais acquis une connaissance du monde occidental qui allait m'aider à m'adapter rapidement à mon arrivée en France. Mais pour l'heure, en avril 1994, alors que la plupart de mes anciens camarades de classe avaient été évacués, je me retrouvais seule à lire ce livre d'histoire, m'attardant sur les pages consacrées aux conflits. Puis je lus un vieil ouvrage de poche qui ne m'avait jamais attirée et dont j'ignore comment il était arrivé chez nous. C'était le premier tome de *Guerre et Paix* et sans doute trouvais-je le titre fort à propos. Je n'ai jamais, une fois arrivée en Europe, cherché à lire le second tome. Une autre lecture, au tout début de ce printemps 1994, m'a beaucoup marquée : *J'ai quinze ans et je ne veux pas mourir*, de Christine Arnothy. J'y fais référence dans le bref journal que j'ai tenu durant ces premiers temps de cachette, avant que ma mère ne le glisse sous la lourde armoire de sa chambre, et que nous allions, comble de l'ironie, nous cacher dans une cave, comme la narratrice du récit.

Près de trente ans plus tard, en écrivant ces souvenirs, je me dis que cette singulière adolescente que j'étais a dû vivre le début du génocide dans un mélange de lucidité, de maturité mais aussi dans une hallucination romanesque – ma vie rejoignant celle des héros de mes lectures – qui n'allait pas tarder à être balayée par la peur brute face au danger permanent.

Les livres ont toujours été là. Les photos aussi.

Lorsqu'il avait fallu, en avril 1994, quitter notre appartement à la hâte pour rejoindre notre première cachette, j'avais glissé mon album photo dans le petit sac de sport bleu Speedo avec lequel j'allais traverser la frontière deux mois plus tard.

Il contenait surtout des scènes de l'école internationale, clichés offerts par des parents ou des enseignants européens, qui en prenaient beaucoup car ils avaient des appareils. Les fêtes scolaires, des repas à thème, les kermesses et anniversaires. Et puis quelques photos de famille.

Contrairement aux expatriés, peu de Rwandais possédaient un appareil photo. À Butare, on allait chez le photographe du quartier arabe se faire tirer le portrait devant un rideau à carreaux ou un décor peint, des scènes naïves qui se retrouveraient dans les albums de toute une génération. Parfois aussi, quand les moyens financiers le permettaient, on embauchait un photographe qui venait à domicile, pour immortaliser un évènement particulier – baptême, mariage – ou parce que les enfants avaient grandi et qu'on mesurait l'importance de garder un instantané de la vie.

Les Rwandais, sans doute comme tous les peuples du monde, aimaient s'offrir ou s'envoyer leurs photos, où ils figuraient souvent figés dans une pose identique, devant une plante, une fleur ou un arbuste, l'air sage et sérieux.

Quand on allait rendre visite à des amis, la conversation portant immanquablement sur la famille ou les connaissances communes, on finissait toujours par sortir l'album (qu'on prononçait « alboum ») et par passer de longues minutes à contempler et à commenter les visages rangés entre les feuilles cartonnées, recouvertes d'un film en plastique que le temps avait jauni.

Se déployait alors une conversation en spirale où toutes les généalogies se croisaient, où les clans des uns et des autres étaient déclinés. Quand j'y repense, il me semble qu'il n'était jamais question de l'« ethnie » de la personne, et cela illustre bien le fait que traditionnellement c'était l'*ubwoko* (que les colons ont traduit par « clan », le mot désigne les dix-huit grands groupes d'appartenance, chaque « clan » regroupant les descendants d'un même ancêtre) qui primait sur l'« ethnie ». Plus tard, j'apprendrais que, dans la cosmogonie rwandaise, les Tutsi, les Twa et les Hutu partageaient les mêmes ancêtres et que cette histoire d'ethnie était une lecture raciste héritée de l'époque coloniale. Si les groupes hutu et tutsi avaient bien toujours existé, le premier étant celui des agriculteurs et le second celui des éleveurs, ils avaient en commun la même langue, la même culture et la même religion et vivaient ensemble sur tout le territoire national.

Les portraits que nous regardions dans les albums de famille ne portaient pas, comme les cartes d'identité instaurées au début des années 1930 par les occupants belges, de légende précisant l'ethnie, légende qui serait systématiquement contrôlée par les miliciens sur les barrières durant le génocide. Nous pouvions discuter pendant des heures de l'histoire longue et savoureuse qui liait Hilaria ou Jeanne, posant sagement en page 1, à l'oncle de la marraine de Radegonda, dont le portrait en noir et blanc, pattes d'eph et coupe afro, figurait en bas de la page 10. Les liens étaient si nombreux – ceux qui avaient étudié ou travaillé ensemble, les mariages, les amitiés, les voisinages – que ces après-midi passées à feuilleter les albums illustraient parfaitement cette réalité : le Rwanda était un tout petit pays où tout le monde se connaissait. Et, si cela n'affleurait pas dans les conversations, chacun savait aussi ce qui était inscrit sur la carte d'identité de ses voisins.

Après le génocide, peu ayant eu la présence d'esprit ou la possibilité d'emporter dans leur fuite ou de mettre à l'abri l'album de famille, et les tueurs ayant quasi systématiquement détruit les traces, même sur papier glacé, des Tutsi, une chaîne désespérée de correspondance s'est mise en place pour retrouver, entre rescapés ou avec les proches vivant à l'étranger, quelques images des disparus.

Les photos importaient. Elles importent toujours, surtout celles des disparus. Au mémorial du génocide de Gisozi, à Kigali, une petite salle a les murs couverts de leurs photos, attachées à de fins câbles en métal sous une lumière tamisée. Elles disent la vie chatoyante avant le désastre. Quand vient avril, les survivants affichent sur les « murs » de leurs réseaux sociaux les visages de leurs défunts. Au Rwanda beaucoup ont dans leur salon des cadres un peu kitsch représentant des montages réalisés à partir des quelques photos retrouvées. Ces images sont pour eux un témoignage, fragile rempart contre l'étiolement des mémoires.

2.

Le temps du témoignage

« Pour chacune, un miracle qu'elle ne s'est pas expliqué. »

Le Convoi du 24 janvier
Charlotte Delbo

« Je viens de fêter mes 15 ans.

« Je vis avec ma maman à Butare, la deuxième ville du Rwanda, au sud, non loin de la frontière avec le Burundi. »

J'écris mon histoire comme elle m'est venue spontanément, il y a quelques jours, devant des élèves du lycée Thierry-Maulnier de Nice. Je raconte ce passé au présent. Pour moi, le temps du témoignage ne peut être que celui-là ; c'est un exercice qui ravive ces instants précis avec une force particulière. Il permet à l'adolescente d'hier de se tenir devant la femme de plus de 40 ans et d'abolir les distances entre hier et maintenant.

Quand le projet de récit sur les convois de Terre des hommes s'est imposé à moi en 2020, je n'avais pas prévu de relater mon expérience personnelle du génocide. Et puis, au mitan de la résidence où je suis venue écrire l'histoire du convoi du 18 juin, m'est parvenue une invitation de deux professeures, Bénédicte Gilardi et Muriel Blanc [1], à aller parler à des lycéens de première et terminale, dans cet établissement. J'y suis allée tous les ans de 2016 à 2019. C'est lors de ma dernière visite à Nice que j'ai rencontré Rodrigue. C'est là que toute cette quête pour retrouver les enfants du convoi s'est enclenchée. La vie est faite d'anneaux liés, de boucles qui offrent des hasards troublants.

En rentrant de la rencontre avec les adolescentes et adolescents de Nice, il m'a semblé évident que je ne pourrais pas faire l'économie, dans ce livre, de l'histoire de ma survie, celle des deux mois et demi qui m'ont menée du déclenchement du génocide, le 7 avril, jusqu'au 18 juin 1994. Je ne pouvais pas raconter les convois, sans rendre compte de mon expérience intime du génocide, ce que je m'étais pourtant toujours défendu jusqu'alors, préférant inventer des personnages fictifs, proches mais distincts de moi. Il me fallait accepter de mettre dans un livre ce qui avait jusqu'alors été confié au seul tissu lâche et éphémère de la parole.

J'écris les mots comme ils me sont venus devant cette classe. Je vais tenter de livrer un récit brut,

1. Respectivement professeure documentaliste et professeure d'histoire-géographie au lycée Thierry-Maulnier de Nice.

quoique je sois consciente qu'il puisse être poli par un début d'habitude, par une langue d'écrivaine.

Les enseignantes du lycée avaient prévenu leurs élèves : « Beata ne va pas vous raconter son histoire personnelle, elle ne le fait jamais ; elle va vous parler de son expérience de survivante qui écrit de la fiction, de son rapport à la littérature. » C'est ce à quoi je m'étais cantonnée les fois précédentes.

Mais depuis, j'avais accepté de parler de mes souvenirs, d'abord par bribes, puis en me livrant chaque fois un peu plus, devant des classes au Mémorial de la Shoah de Paris, dans un lycée à Bruxelles, puis un autre à Castres.

En 2021, j'avais longuement parlé du convoi de Terre des hommes lors d'un festival littéraire à la Fondation Jan Michalski, sans doute parce que j'étais en Suisse, le pays d'origine des humanitaires qui m'ont sauvée. Puis peu de temps après encore au Mémorial de la Shoah qui, avec l'association Ibuka France, avait organisé une rencontre sur les actes de sauvetage durant le génocide.

Par la force des choses, j'avais quitté le confort de la fiction pour accepter le rôle, nécessaire mais si lourd, de témoin nu.

Voici donc ce que j'ai raconté aux élèves du lycée Thierry-Maulnier, mue par ce nouvel élan de transmission.

« Je n'ai pas de frères ni de sœurs et ma maman m'élève seule. Nous ne sommes donc que deux quand tout commence.

« J'ai un oncle maternel qui vit avec sa femme et trois de leurs cinq enfants à la campagne, sur la colline d'origine de ma mère. Sa fille aînée, ma cousine Rafiki, scolarisée dans une école secondaire de Butare, vient juste de les rejoindre pour les vacances de Pâques. Quant à Laurent, l'aîné de mes cousins, il était allé rendre visite à la famille exilée en Tanzanie quand la guerre civile de 1990 a éclaté. Depuis nous ne l'avons pas revu, mais nous avons appris qu'il a rejoint l'armée du FPR, les exilés tutsi qui veulent rentrer au pays. En avril 1994, nous ignorons s'il est encore en vie.

« Butare est une ville universitaire où vivent de nombreux intellectuels et étudiants. La seule à avoir, depuis peu, un préfet tutsi, ce qui dit bien à quel point l'idéologie extrémiste portée par les Hutu du

Nord – qui tiennent les rênes du pouvoir –, et qui n'a fait que s'amplifier à partir de 1990, a peu cours dans notre préfecture.

« Le génocide commence le 7 avril à Kigali puis gagne rapidement l'ensemble des préfectures du pays, mais il faudra attendre le 20 avril pour que les tueries éclatent à Butare.

« Les autorités génocidaires originaires du Nord (la région du président Habyarimana dont l'assassinat a servi de prétexte au déclenchement du génocide longtemps préparé en amont) veulent s'assurer que les habitants de Butare ne seront pas en reste dans l'opération d'extermination. Alors ils nomment, en plus du président de la République par intérim, plusieurs personnes originaires de notre ville dans le gouvernement qui va faire exécuter les massacres, notamment le Premier ministre et la ministre de la Famille et du Progrès des femmes.

« Les premiers jours, nous entendons des nouvelles inquiétantes de tueries à Kigali, nous apprenons par quelques personnes qui ont pu quitter Kigali et sont venues se réfugier dans le Sud que telle ou telle famille a été exterminée. Les choses sont encore incertaines, nous espérons que "ça" n'arrivera pas jusqu'à notre ville.

« Mais les récits de massacres se rapprochent. Un couvre-feu général a été déclaré, les commerces sont fermés, les réserves de nourriture s'épuisent rapidement.

Le 10 avril, parce qu'un militaire a fait irruption dans le complexe hôtelier près duquel nous vivons, menaçant de dégoupiller une grenade, nous demandons refuge chez des religieuses amies. Celle qui est la plus proche de ma mère, Christine, une Française dont la famille me parraine depuis quelques années, est alors en France. C'est sa collègue, une Canadienne, qui nous accueille. Elle nous dit que nous pouvons passer la nuit dans une des maisons de la congrégation, située au sein de l'école secondaire dont les sœurs ont la charge, mais qu'il nous faudra repartir le lendemain.

« Le retour chez nous le matin suivant est une épreuve, nous sommes plus terrorisées que jamais après avoir remonté la grand-rue de Butare complètement déserte. Nous n'avons plus beaucoup de vivres à la maison, nous n'avons pas d'autre endroit où aller. Déjà il se dit qu'on a commencé à tuer les Tutsi sur les collines alentour.

« Nous nous claquemurons dans notre petit appartement, situé dans l'annexe d'un vieux complexe hôtelier, avec une entrée peu visible depuis la grand-rue, parce qu'elle est dans le renfoncement d'un mur sans vis-à-vis. Peu de gens savent qu'il y a là un logement et cela, sans doute, nous protège un temps.

« Un jour pourtant, une main vient gratter à notre porte, discrètement. À travers le fin grillage, nous comprenons que l'homme grand et maigre qui se tient là est aussi apeuré que nous. Alors nous ouvrons. Il dit avoir fui une commune rurale, au nord de Butare. Ses vêtements sont déchirés. Visiblement il ne s'est pas lavé ni n'a dormi dans un lit depuis plusieurs jours. Il parle peu, semble craindre de nous effrayer en nous décrivant ce qu'il a vu là-bas. Il a faim. Nous lui offrons des haricots rouges bouillis qui commencent à avoir un goût rance et la dernière cuillère de riz.

« Dans un souffle, il déclare : "Je dois continuer. Il ne faut pas rester ici. Vous devriez vous aussi chercher un endroit où vous réfugier." Lui-même ne sait pas où il va mais rester en mouvement semble être sa seule option possible.

« Je ne pourrai jamais oublier son regard de bête traquée, ses mains qui n'ont cessé de trembler tout le temps qu'il mangeait.

« Mais où pouvons-nous aller ?

« Quelques jours auparavant, tous les étrangers ont quitté la ville, escortés par des para-commandos belges venus expressément au Rwanda pour les évacuer. Je pense souvent à la longue file de voitures alignées, remplies de valises, dans la grand-rue, prêtes à partir. Butare est une grosse bourgade, et comme j'ai fréquenté l'école internationale nous connaissons tout le monde. La plupart des gens évitent de croiser notre regard. Ils doivent se douter que nous allons être tuées. Ils ont peur que nous leur demandions de l'aide. »

Quand je raconte ce moment, je sens une furieuse envie de pleurer monter en moi. Mélange de ressentiment et de stupeur qui ne m'a jamais quittée. Mais je les chasse, car je ne veux pas me laisser manger par l'amertume.

Qu'aurais-je fait à leur place ? Sans doute la même chose.

« Ma mère me propose de me confier à l'une des familles ou à des religieuses, de les supplier de sauver au moins ma petite vie. “Ils ne pourront pas refuser, tu es métisse, on te laissera passer à la frontière sans problème.”

« C'est moi qui refuse.

« Je dis à ma mère que je ne veux pas la laisser seule. Ma décision semble la consoler et l'anéantir à la fois.

« Je crois que c'est à partir de ce moment-là que nos rôles commencent à s'inverser. Je la verrai de plus en plus démunie, dans l'impossibilité de me protéger, et il me faudra décider pour nous deux.

« Où pouvons-nous trouver refuge ?

« La propriétaire de l'hôtel, et donc de l'appartement que nous louons, est tutsi, veuve d'un Hutu. Elle se trouve donc aussi menacée. Dans ces moments d'inquiétude, les barrières de classes s'amenuisent. Elle confie à ma mère qu'elle cherche un moyen de fuir au Burundi et lui promet de nous avertir quand le moment sera venu afin que nous puissions partir avec elle et ses cinq enfants. Peu après, alors que je guette à la fenêtre, derrière les rideaux de jour, je vois passer sous mes yeux un véhicule. Ils partent sans nous, en catimini. Ce sont des temps troublés, combien prennent encore des risques pour les autres ?

« Nous n'avons plus le moindre espoir.

« Le vendredi 22, il ne nous reste qu'une poignée de pommes de terre flétries à manger. On frappe de nouveau à notre porte ; avec beaucoup d'assurance cette fois. C'est un militaire qui crie "ouvrez, je sais qu'il y a des gens ici". Nous nous exécutons, résignées, tremblantes. Il n'est pas armé et ne semble pas menaçant. Il fait le tour de l'appartement, avec nous sur ses talons. Il doit chercher quelque objet de valeur, mais nous ne sommes pas riches. Son choix se porte sur nos vélos. J'ai reçu une belle bicyclette rose pour mes 13 ans, c'est mon bien le plus précieux. Et ma mère a acheté peu de temps avant un vélo hollandais vert bouteille à des Belges qui repartaient chez eux après quelques années de coopération au Rwanda.

« Le militaire s'en va, poussant un vélo de chaque main. Il nous dit, avec une insoutenable légèreté : "De toutes les façons, vous allez bientôt être tuées, vous n'en aurez plus l'usage."

« Depuis le début du génocide, nous parlons régulièrement avec les employés de l'hôtel dont certains vont jouer un rôle important dans notre survie.

« L'un est cuisinier, l'autre serveur ; ils sont tutsi, mais ils ont des cartes d'identité les présentant comme hutu, ce qui les protège. Le premier est parvenu à l'obtenir dans sa commune d'origine en soudoyant un clerc ; quant au second, je crois qu'il a gratté avec une lame de rasoir le trait de Bic qui barrait la mention “Hutu” et biffé au contraire la mention “Tutsi”. Ce qui les met surtout à l'abri, durant les trois mois suivants, c'est qu'ils viennent de collines rurales et que personne ne connaît leur véritable identité à Butare. Le serveur survivra, mais j'apprendrai beaucoup plus tard que le cuisinier a été tué vers la fin du mois de juin, finalement démasqué. Ils seront ponctuellement aidés par deux collègues hutu, le jardinier et son père qui fait office de gardien de nuit, des adjuvants dont cependant, au fil du temps, l'attitude deviendra trouble.

« Le militaire du vendredi est allé raconter en ville que ses deux magnifiques vélos lui ont été offerts (!) par des Tutsi (dont une Blanche) vivant à tel endroit. Les employés de l'hôtel nous proposent de quitter l'appartement avant que d'autres pillards n'arrivent.

« Le serveur nous cache dans une des chambres de l'hôtel, alors vide. C'est la chambre n° 13, qui se trouve tout au bout d'un long bâtiment de plain-pied, dans un angle discret en partie caché par une plante de haute taille.

« Est-ce celle-ci qui nous sauve, à la faveur d'un coup de vent ou de la pluie diluvienne de ce mois d'avril, ses branches barrant la porte derrière laquelle nous sommes recroquevillées ?

« Le lendemain de notre installation dans cette cache, des militaires fouillent toutes les chambres vides de l'hôtel. Sauf la nôtre.

« Des officiers de la capitale sont venus s'installer à Butare, réquisitionnant une autre partie de l'hôtel. Est-ce qu'ils occupent certaines chambres ou seulement le restaurant ? Mes souvenirs à ce propos sont flous. Ce qui est certain, c'est que leur présence est une menace réelle. Nous nous retrouvons au cœur du guêpier. »

Je repenserai à cette situation plus tard, en lisant pour mon cours d'anglais d'hypokhâgne la nouvelle de Poe, *La Lettre volée* [1]. Peut-être est-ce justement parce que nous étions au sein même d'un des QG de l'armée qu'on ne nous a pas trouvées ?

« Nos sauveurs du moment décident alors de nous changer de cache. Il faut aller dans une cave.

« L'hôtel, construit à l'époque coloniale belge, est un des très rares bâtiments du pays à disposer de

1. Edgar Allan Poe, *Histoires extraordinaires*, Le Livre de poche, 1972.

caves. C'est une particularité architecturale totalement inconnue du commun des Rwandais. Le risque que les tueurs nous y trouvent est quasiment nul.

« Notre transfert se fait de nuit. Une trentaine de mètres maximum séparent la chambre n° 13 des cuisines où se trouve la porte menant à la cave où nous devons descendre. La ville vit dans le noir désormais, l'électricité ayant été coupée depuis un moment déjà. Il faut donc profiter de l'obscurité pour passer sans se faire repérer.

« Nous suivons une fois de plus le serveur, marchant sur la pointe des pieds, au plus près de son ombre, pour ne pas le perdre. C'est une nuit sans lune, mais un orage menace. »

« La vie ne tient qu'à un fil ».

Toutes ces expressions qu'on utilise souvent pour parler des autres ou d'évènements lointains, sans trop y accorder d'importance, par automatisme, jusqu'au jour où l'une d'entre elles désigne exactement ce qu'on traverse. « La vie ne tient qu'à un fil. » Je la répète cette fois-ci aux adolescents qui m'écoutent, silencieux, attentifs. Ils se figurent cette nuit sans lune. Ils essaient d'imaginer ce que cela signifiait pour cette femme qui se tient devant eux, lorsqu'elle avait leur âge, alors, là-bas.

« Un instant, le ciel est traversé d'un éclair, la minute d'après tout est de nouveau ténèbres. J'ai eu le temps de voir le militaire, debout, qui fumait une cigarette dans la cour. Droit devant nous. Notre guide aussi. Nous allions foncer sur lui. À partir de ce moment-là, nous tenons nos pas loin de la petite lueur rouge que fait sa cigarette, balise à contourner pour ne pas nous faire repérer.

« De ma courte vie, je n'ai jamais mis les pieds dans une cave. Je crois que la première surprise est purement physique : il y fait froid et humide. Une humidité que je ne connais pas, à laquelle mes pores ne savent pas comment répondre. Quelque chose de glacial semble couler sur les murs ; il y a aussi un étrange bruit de frottement incessant.

« Un mince matelas en mousse a été disposé au sol pour nous accueillir, très vite il deviendra une sorte d'éponge molle gorgée d'eau. Nous tentons d'y dormir mais je crois être la seule à réellement m'assoupir. Ma mère, toujours en alerte, somnole à peine.

« Le second choc se produit le lendemain. Il fait jour et je comprends alors que nous sommes dans le ventre de la terre. Un petit soupirail crasseux au-dessus de nos têtes donne dans la réserve de la cuisine et laisse filtrer un peu de lumière. Mon regard suit ce filet jaune le long des murs. Ils sont couverts de bêtes, que je ne distingue pas bien sur le moment, mouvantes et sombres. Ce n'est que lorsque le cuisinier vient nous apporter à manger, muni d'une fine bougie en paraffine, que je peux identifier les bêtes : des cafards, gros comme des pouces, par centaines. »

À ce moment du récit, j'explique aux enfants toute l'ironie de cette colonie de cafards qui hébergeait notre fuite. Je leur dis que le discours de haine et la propagande extrémiste, pour animaliser les Tutsi, les désignaient comme des cafards, *inyenzi*, des cancrelats ou des serpents. Et j'ajoute, un peu pour détendre l'atmosphère, car il le faut parfois : « Nous sommes donc des cafards au milieu d'autres cafards. »

« Combien de jours restons-nous dans la cave ? Un des employés tutsi de l'hôtel, parmi ceux qui ont été cachés par leurs collègues, vient nous rejoindre. Pendant toute la durée du génocide, nous allons ainsi partager, durant quelques jours, notre cache ou notre abri avec des gens qu'on perdra ensuite de vue et dont certains ne survivront pas. »

Parfois, je m'en veux de ne pas avoir retenu leur nom ou seulement partiellement : il y a Joseph et Gilbert, pour sûr, mais quel est le prénom de celui que l'on surnommait Kajisho, en raison de son œil gâté ? Bosco ou Safari ? Les noms de Muyibi et Karenzi me semblent aussi provenir de ces moments.

Et la dame avec laquelle nous avons été cachées vers la fin s'appelait-elle bien Consolata ou est-ce ma mémoire qui me joue des tours ? Je regrette de ne pas avoir retenu ce qu'ils ou elle nous ont confié dans l'épaisseur de l'inquiétude qui nous tenait éveillés, en alerte, même quand les tueurs dormaient. Dans un petit carnet noir que j'ai précieusement conservé, j'ai noté, à la toute fin des années 1990, quelques dates, quelques noms, pour ne pas les oublier, me promettant de les compléter plus tard avant que le temps n'ait trop érodé ma mémoire. Mais la vie et ses impératifs m'ont éloignée de ce projet. Je le reprends vingt ans plus tard et découvre l'étendue des pertes.

« Les lieux sont si humides que la bougie utilisée une fois par jour pour nous permettre de manger s'éteint, à peine allumée ; et alors, ma main, qui tente de piocher un bout de patate dans la gamelle commune, attrape parfois un gros cafard.

« Au bout de quelques jours, je commence à manifester des problèmes respiratoires. Karoli, le cuisinier, trouve quelque part un tube de ventoline mais rien n'y fait, il me faut quitter cet endroit. Nous nous résignons à remonter à la surface, où le risque d'être trouvées est plus grand.

« Le complexe hôtelier offre encore d'autres caches. À l'époque de la colonisation, il y a eu un théâtre dans le bâtiment, transformé ensuite en cinéma, qui a fonctionné jusqu'au milieu des années 1980. La salle immense sert désormais d'entrepôt à un riche commerçant, Mwami, pour sa marchandise du moment. Au printemps 1994, elle est remplie de pneus de camion, empilés en étranges tours noires de caoutchouc. L'hôtel semble protégé du pillage, ceux qui nous cachent disent que c'est grâce au chef du camp militaire de Butare, ami de la propriétaire.

« Nous repassons par notre appartement qui possède une porte dérobée donnant sur l'ancien cinéma. Nous vivons là quelques jours, dans ce décor surréaliste. Le magicien cuisinier Karoli parvient à nous apporter quotidiennement une assiette chiche mais suffisante pour survivre. L'hôtel dispose d'un grand potager grâce auquel nous ne mourons pas de faim, et Karoli invente mille et une ruses pour entrer dans notre cachette du moment sans se faire repérer par les militaires.

« Un autre de ses collègues tutsi nous a rejoints dans l'ancien cinéma et nous échafaudons des scénarios avec notre nouveau compagnon d'infortune, nous imaginant que si les tueurs arrivaient nous nous glisserions chacun au milieu d'une tour de pneus empilés en passant par la scène de l'ancien théâtre.

« La salle a une fenêtre donnant sur la grand-rue, dont les vitres ont été couvertes d'une peinture beige au moment de la transformation du lieu en entrepôt. Je gratte un petit rond dans cette peinture, de la taille d'une bille, et de là je me mets à guetter les mouvements au-dehors. La rue est généralement déserte. Parfois passe un *igitero*, nom qu'on utilise pour désigner une bande de tueurs et qu'on pourrait traduire par "groupe d'attaquants". Alors je prie pour qu'aucun ne devine mon œil collé à la vitre, tout en étant incapable de m'éloigner d'elle. On se relaye à ce poste improvisé d'où il nous arrive de faire signe à l'autre avec un geste de la main signifiant "viens voir ça !". Une après-midi, nous voyons passer un jeune homme hutu, professeur de lycée que nous connaissons. Il avance au ralenti, le visage grave mangé par une barbe en broussaille. Nous apprendrons plus tard que sa femme, tutsi, venait d'être tuée. Le jardinier et son père retournent régulièrement sur leur colline familiale, en périphérie de la ville. À chaque sortie, ils glanent des informations sur le cours du massacre ; ils les partagent avec le cuisinier qui à son tour nous les transmet.

« Ce sont eux qui nous renseignent sur le premier meurtre commis dans le centre de Butare, le lendemain de la visite du président par intérim, dont le discours a donné le coup d'envoi du génocide chez nous. Nous avons entendu un coup de feu. La balle a atteint Karenzi, un professeur tutsi de l'université que nous voyions parfois passer sur sa bicyclette noire. Il a été abattu quasiment en face de l'hôtel, devant la petite bambouseraie qui jouxte la librairie universitaire.

« À partir de ce jour, on tuera à Butare sans discontinuer. Depuis nos différentes cachettes, nous allons entendre des clameurs, des cris, parfois les chiens que les miliciens ont dressé à débusquer les Tutsi cachés dans la petite forêt de la vallée. Rarement des coups de feu. Il faut payer pour être tué par balle plutôt qu'avec un gourdin clouté ou à la machette. Et même en payant, beaucoup se trouvent trahis. On entend tous ces bruits et l'imagination fait le reste. La gamelle arrive généralement avec le bulletin nécrologique : aujourd'hui c'est untel et untel qui ont été découpés.

« Maman, qui était déjà très menue, maigrit à vue d'œil. Moi je ferme parfois les oreilles et je mange ce que je peux.

« J'ai décidé de vivre. »

Parfois je me dis que c'est ma jeunesse, cette insolence face à la mort qui nous ont sauvées. J'étais convaincue que nous n'allions pas mourir.

« Et pourtant pas un jour ne passe sans qu'on apprenne la mort d'une personne connue. Karoli pleure en nous racontant comment, d'après ce qui se dit en ville, les miliciens ont tué la femme de mon professeur d'anglais. Elle était enceinte. "Ils lui ont ouvert le ventre", dit-il, et sa voix se fait rocailleuse quand il ajoute : "Ils ont dit qu'elle attendait des jumeaux. *Yebabaweee.*"

« C'est lui qui nous explique que les tueurs, paysans, ouvriers, hommes de labeur la veille, disent désormais qu'ils vont "travailler" lorsqu'ils partent tuer, et non pas seulement tuer comme on exécute une tâche, mais torturer, avilir, martyriser avec un degré d'inventivité macabre inouï. C'est par ce mot de "travail" qu'ils ont désigné l'acte d'éventrer cette femme. Je crois qu'elle s'appelait Angélique. »

Et je ne peux m'empêcher de songer aujourd'hui que c'est ce même mot « travail », que je ne parviens plus à prononcer à la légère dans notre langue, que les nazis avaient choisi pour accueillir à Auschwitz ceux qu'ils s'apprêtaient à éliminer. Le panneau à l'entrée du camp, que j'ai visité en 2005, proclamait « Arbeit macht frei », le travail rend libre.

« Depuis notre cachette de l'ancien théâtre, je scrute la rue par le rond gratté dans la peinture, en espérant je ne sais trop quoi. La plupart du temps pour ne pas rester inerte à attendre la mort que je refuse de voir venir. Un jour, un pick-up floqué du logo des Nations unies s'arrête devant le magasin d'alimentation, qui se trouve en face du cinéma. »

Je ne parviens pas à me rappeler si le magasin était ouvert alors. Comment l'aurait-il été ? Sa propriétaire était tutsi. Alors pourquoi ce véhicule était-il là ? Mystère.

« Je fais immédiatement signe à ma mère pour lui montrer cette voiture providentielle. Nos esprits s'échauffent vite. Si nous parvenons à nous jeter dans le véhicule, avant d'être vues par les miliciens postés au barrage plus haut dans la rue, nous serons sauvées. Personne ne viendrait nous tuer sous les yeux d'un Casque bleu. Ce que nous pouvons être naïves !

« Pas le temps de prendre un bagage, il faut courir, tout de suite, traverser la rue.

« Au moment où ma mère est en train d'ouvrir la porte pour sortir, quelque chose (encore une fois, sait-on jamais à quoi tient ce genre de petits miracles ?) me pousse à jeter un dernier coup d'œil dans la lucarne improvisée. J'ai tout juste eu le temps de tirer ma mère vers l'intérieur. Le pick-up a dû être volé à des soldats des Nations unies. Un militaire de l'armée gouvernementale génocidaire vient de sortir du véhicule. Nous avons failli nous jeter dans la gueule du loup. »

Je raconte aux élèves un autre moment semblable, alors que nous étions encore dans la cave.

« Maman est à bout de nerfs. Elle se lève précipitamment, chancelante, et dit, avec un filet de voix désespéré, qu'elle va sortir de sa cachette et se livrer. Du haut de mes 15 ans, pour la première et dernière fois de ma vie, je la gifle. "Tu ne vas nulle part. Nous devons vivre." »

Il a fallu que je devienne à mon tour maman pour comprendre ce qu'elle a vécu durant ces mois de traque. Être dans l'incapacité de protéger son enfant, savoir qu'à tout moment sa fille pouvait être tuée devant ses yeux. La voir avoir faim, avoir peur, sans rien pouvoir lui offrir. J'ai développé des hantises particulières dont je sais qu'elles viennent de cette expérience-là. Quand j'ai arrêté d'allaiter mes fils, une question irrationnelle a surgi : « Et si demain nous devons fuir la maison, à l'improviste, et que je n'ai plus de lait pour les nourrir ? » Quand vient le mois d'avril, toujours, je ne manque pas de lister dans ma tête les voisins ou connaissances sur lesquels je pourrais compter pour nous cacher. Si tout devait recommencer. L'interdiction formelle que j'ai faite à mes enfants d'ouvrir la porte sans avoir au préalable vérifié qui a frappé. Mon aîné s'en moque. « Mais que veux-tu qu'il m'arrive ? » Je lui ai expliqué, il a compris que je ne pouvais pas m'empêcher d'imaginer parfois un homme avec une machette ou un coutelas prêt à leur arracher la vie. Il accepte mes règles mais uniquement pour me rassurer, car nous avons bien convenu que c'était mon trauma à moi, pas le sien.

« La gifle que j'ai donnée à ma mère l'a réveillée. Je crains qu'elle ait résonné trop fort dans notre silence peuplé de cancrelats, que son bruit mat soit parvenu jusqu'aux oreilles de militaires au-dessus de nos têtes.

« Maman se rassied sur le matelas et ne parle plus jamais d'aller se rendre.

« Les jours continuent de s'écouler, lents et poisseux d'une constante inquiétude. Nous écoutons quand nous le pouvons les informations sur le petit transistor de maman. Radio France internationale et la Voix de l'Amérique sur les ondes courtes, dont les bulletins d'information parlent souvent du Rwanda.

« Ailleurs sur terre, la vie continue, impassible. Des anniversaires sont célébrés, l'hiver s'est retiré, le printemps réchauffe les cœurs. La Coupe du monde de football se prépare aux États-Unis. Le 10 mai, Nelson Mandela est élu président de la République en Afrique du Sud. À Pretoria, les hauts dignitaires du monde entier viennent assister à son intronisation. L'Afrique est si heureuse de la fin de l'Apartheid.

« Le 6 juin, à Omaha Beach, Mitterrand célèbre le cinquantenaire du débarquement des Alliés en Normandie. Les journalistes rapportent son discours, dans lequel il dit – quelle ironie pour celui dont on sait combien il a soutenu le gouvernement rwandais génocidaire : “Puissent […] s’apaiser les déchirements qui, près de nous – dans l’ancienne Yougoslavie –, plus loin de nous – en Afrique noire –, et dans combien d’endroits du monde, ne profitent qu’à la mort ! Puisse s’organiser partout le dialogue pour la paix des pays du monde, des peuples, sous l’égide de nos Nations unies, elles-mêmes nées de notre victoire !”

« Ce n’est plus des Casques bleus ou des para-commandos occidentaux que nous attendons notre libération. La seule radio qui nous donne réellement de l’espoir est Muhabura, la voix du Front patriotique rwandais (le FPR), les rebelles tutsi qui ont repris les armes et vont bientôt contrôler le pays. Le transistor nous renseigne sur leurs combats ; la voix du FPR ne mentionne bien évidemment que ses victoires et ses avancées. Dans certains programmes, des personnes tout juste délivrées de leur calvaire par ses soldats sont interviewées. Un jour, nous reconnaissons les enfants d’une voisine, qui ont survécu chez leurs grands-parents, où ils étaient allés passer les vacances de Pâques. Ils disent que les militaires leur ont donné du pain et du Fanta, ils disent avec leurs petites voix fluettes qu’ils espèrent retrouver leur papa et leur maman restés à Butare. De ce côté-ci de la guerre, nous savons que leurs parents ont été tués. »

Je ne sais pas pourquoi j'ai retenu cette histoire de pain et de Fanta. Peut-être parce que nous avions constamment faim.

« Le cuisinier fait de son mieux pour nous offrir un repas quotidien frugal, avec ce que le jardinier lui rapporte. Certains jours on se contente de quelques bananes. »

Plus tard, quand j'entendrai d'autres rescapés raconter comment ils ont mangé des racines et bu de l'eau croupie, je me rendrai compte, une fois de plus, de la chance que nous avons eue.

« Un jour qu'il m'a trouvée particulièrement triste, Karoli accomplit un miracle de bonté. Avec une carotte, une laitue, un avocat, quelques pommes de terre et surtout une bouteille d'huile dénichée je ne sais où, il me prépare ce que je considère comme un festin. J'en ai la gorge si nouée de gratitude que les premières bouchées sont hésitantes. C'est étrange de se trouver plus troublée par un bon repas que par la mort qui rôde partout. Des hommes qui nous cachent, Karoli est le plus généreux et amical. Sa famille est sur sa colline d'origine et il ignore si les siens sont encore vivants ou non. Quand il trouve un jouet ou un livre dans l'hôtel, il me l'apporte, petits présents immenses, façon dérisoire de retenir mon enfance. Il doit espérer qu'ailleurs d'autres personnes font de même pour son fils de 4 ans. »

Karoli a été tué à la toute fin du génocide à Butare. Je l'ai appris bien plus tard. Qui l'a dénoncé ?

Au début des années 2000, Rafiki, ma cousine rescapée, a retrouvé le fils de Karoli dans un orphelinat, alors qu'elle effectuait un stage d'assistante sociale. Elle m'a mise en contact avec lui. À ma mesure, j'ai pu témoigner à cet enfant ma gratitude pour les actes de bonté de son père.

« La dernière cachette que nous occupons est une autre chambre de l'hôtel, la n° 1, plus spacieuse que la première, quasiment un studio. Elle est située au nord du complexe hôtelier et une cour la sépare de la maison abandonnée de la propriétaire. Une femme d'une quarantaine d'années, amie de cette dernière, et qui était en visite chez elle au moment où le génocide a commencé, s'est retrouvée seule dans la maison lorsque la famille s'en est allée au Burundi. C'est du moins ce que je comprends. Cette femme nous rejoint dans la nouvelle planque.

« Quant aux quatre jeunes employés tutsi de l'hôtel, ils sont, je crois, de nouveau répartis entre deux caves.

« Au début du mois de juin, les chiens de l'hôtel pleurent toutes les nuits. »

Nous sommes attaqués en plein jour, le 7 juin. Fin de matinée ou début d'après-midi, je ne parviens pas à m'en souvenir. Le temps ne s'écoule pas normalement quand on est longtemps traqués.

Ils arrivent, débordant de bruits et de haine. Une horde. D'abord ils débusquent les quatre jeunes gens des caves. Deux sont tués sur le coup, encore éblouis par le soleil de l'extérieur. Deux autres parviennent à s'échapper en courant vers le potager puis en sautant par-dessus le mur qui donne sur la petite forêt dans la vallée. C'est ce qu'on nous dira.

Nous entendons les cris. Ce sont les tueurs qui hurlent, pas leurs victimes. La peur nous liquéfie. Les rideaux fermés de la chambre nous gardent terrées dans la pénombre. Les bruits venant de dehors sont d'une tranchante acuité. On entend tout. Nous nous agglutinons, maman et moi, assises sur le rebord d'un lit. L'autre femme s'est mise en boule, à terre, les mains sur les oreilles. Nous ne tentons même pas de nous glisser sous les lits comme nous l'avions fait dans la chambre n° 13 lors de la première fouille.

J'ai l'impression de fondre, comme un glaçon posé sur le feu, et de bouillir en même temps. Des milliers de bulles d'eau crépitent dans ma tête puis semblent couler de mes oreilles pour se fracasser sur les sons extérieurs, rocs de granit brut.

Depuis, je n'ai plus jamais éprouvé cette sensation, cette peur-là. Mais est-ce que les gens qui me liront, est-ce que les enfants qui m'écoutent comprennent ce mot de la même façon que moi ? Comme le disait si bien Mado, camarade de déportation de Charlotte Delbo, les gens utilisent avec légèreté les mots, ignorant ce qu'ils signifient pour les survivants : « Tu les entends dire : "J'ai failli tomber. J'ai eu peur." Savent-ils ce que c'est, la peur [1] ? »

Des décennies plus tard, un jour de mauvais temps où je regardais l'océan déchaîné se jeter sur les flancs de pierre de la côte atlantique, j'ai vu, matérialisée, cette chose qui s'était jouée dans mon corps en ce milieu du mois de juin 1994, alors que j'étais sur le point de mourir.

1. Charlotte Delbo, *Auschwitz et après*, III, *Mesure de nos jours*, Les Éditions de Minuit, 1971.

Je rédige ce témoignage dans un train qui m'emmène vers une fête d'anniversaire, à l'autre bout de la France, quelques jours après mon intervention devant des lycéens niçois.

J'ai toujours eu besoin de cet espace pour écrire les premières lignes de mes livres. C'est étrange, ce besoin d'être au milieu d'une foule immobile, dans un endroit impersonnel, en mouvement, mais aussi contenant pour oser aller vers l'écriture la plus difficile. Celle des commencements ou, aujourd'hui, celle de ce témoignage que je n'ai encore jamais posé sur du papier.

Lorsque j'écrivais des fictions ayant trait au génocide, il m'est arrivé de puiser dans des histoires réelles, pour rendre mes descriptions plus réalistes. Mais alors, si je sentais une émotion trop vive arriver, parce que j'explorais ces zones encore douloureuses, j'avais toujours le loisir de me réfugier de nouveau dans l'imagination, de créer un dénouement plus heureux que la réalité. De la même façon, lorsque je témoigne devant des adolescents, le souci de les ménager ou le temps imparti me servent d'alibi bienvenu pour taire certains moments.

Ce trajet de dix heures aller-retour ne me laisse pas d'échappatoire. Je vais devoir écrire cette histoire-là, de bout en bout, sans détour. Pourquoi dans un train ? J'élabore un début de réponse, sans doute incomplète : peut-être parce que le mouvement de la rame ; ces paysages qui défilent dans mon champ de vision me rassurent sur le fait que je pars. Je revis avec ce voyage l'espoir du premier grand départ, celui du convoi.

Dans ce train qui m'emmène de Draguignan à Paris, je me demande si, une fois que j'aurai écrit mon témoignage, je pourrai me libérer du sortilège, faire de ce maudit mois de juin 1994 un moment comme un autre, qui certes a existé, mais où je n'ai plus besoin de revenir. Et alors, est-ce à dire que je n'aurai plus à en témoigner devant des classes, jusqu'à mon grand âge, que je pourrai éviter cette grande fatigue qui m'a saisie lorsque j'ai vu Evelyn Askolovitch témoigner au lycée Thierry-Maulnier de Nice ?

Est-ce que les gens qui ont publié leur témoignage ont pu ensuite se reposer de parler ? Les quelques fois où j'ai accepté de raconter mon histoire m'ont littéralement épuisée. Les jours suivants, il me fallait beaucoup dormir et confier mon dos noué, douloureux, aux mains de kinésithérapeutes et ostéopathes.

Est-ce que je pourrai remplacer cet exercice nécessaire mais éreintant par une proposition de lecture ?

Essayons voir.

7 juin 1994.

J'ignore combien ils sont. Une terreur liquide trouble mon regard. Elle m'empêche de les fixer trop longtemps.

D'abord, ils cassent une des vitres qui donnent sur notre chambre. Nous voyons un bâton soulever le rideau qui les empêchait de voir à l'intérieur. Un visage se penche pour scruter la pièce. Nulle prière n'arrive encore à s'accrocher à nos lèvres. Agrippées l'une à l'autre nous glissons par terre, recroquevillées sur le sol en ciment entre les deux lits. Un cri retentit : « Il y a des gens ici ! »

Immédiatement après, la porte de la pièce d'à côté est forcée. Je pense lever les bras au ciel, comme je l'ai vu faire tant de fois dans des films, mais je ne peux pas lâcher ma mère. Deux tueurs entrent. Une autre exclamation : « Il y a une Blanche ! » Ils nous forcent à nous lever et nous conduisent dehors devant la meute. Et là de nouveau : « Il y a une Blanche ! » Tous les regards sont braqués sur moi.

Ils commencent à poser des questions. « Qui êtes-vous, depuis combien de temps êtes-vous ici ? » Je regarde les mots couler de leurs grandes bouches, borborygmes puants qui me parviennent comme de très loin. La voix de ma mère et celle de l'autre femme font un bruit de grelots. Ceux qui jusqu'alors nous ont cachées sont là, derrière les tueurs. Le cuisinier se tient la tête entre les mains, désemparé. Le jardinier semble plus calme. Je ne vois pas tout de suite, en arrière-plan, les corps des deux jeunes employés tutsi de l'hôtel, qui viennent d'être tués après avoir été débusqués de la cave où ils étaient terrés. Mes yeux restent étrangement secs alors que j'ai l'impression de me noyer ; ils sont happés par la chemise d'un petit homme qui se tient légèrement à ma gauche. Elle a dû être autrefois à carreaux vichy, blancs et bleu clair. Mais elle est désormais d'un rouge crasseux et d'une apparence figée, comme du carton. Cette chemise a dû boire énormément de sang ces derniers jours, séchant puis se gorgeant de nouveau, un massacre après l'autre. On dirait maintenant un vieux steak. Et puis il y a ses mains qui tiennent fermement des armes étranges. Un long et vieux couteau de cuisine dans l'une, une pique à brochette dans l'autre. Les deux couvertes de sang frais.

L'homme à la chemise vichy a sur le visage un air hilare. Ni menaçant, ni colérique. Non : hilare. En voilà une trouvaille, nous pensions débusquer ici quelques cafards tutsi à écraser et voilà que nous tombons sur une petite Blanche. Je suis comme une attraction mais cependant, parce que la pique à brochette est tendue juste sur mon cou, qu'il suffirait de peu pour qu'elle s'y enfonce, je comprends que l'amusement de ma présence peut vite tourner en un jeu morbide. Comment tue-t-on une Tutsi blanche ? Aussi facilement qu'une Tutsi noire ?

Pendant un long moment, je reste silencieuse. La sortie sur le perron de la chambre m'a éblouie. Ça fait plusieurs jours que nous sommes enfermées dans la pénombre de la cache. Et puis il y a le tumulte des voix excitées des tueurs, leurs gesticulations. Ils nous entourent, déjà les armes se tendent, prêtes à nous couper, à nous percer, à nous écraser. Le soleil est haut dans le ciel, mon dos est glacé de transpiration.

J'ignore quel est l'élément déclencheur. Peut-être le sac de ma mère ouvert, dans lequel elle cherche la carte d'identité qu'ils lui réclament. Ce petit carton vert pâle sur lequel, sous une photo au regard fixe qu'ils n'auront qu'à soulever, figure, en face de l'intitulé UBWOKO-ETHNIE, ceci :

~~HUTU~~ – TUTSI – ~~TWA~~

Depuis plus de trois ans que monte la propagande de haine, nous savons tous que c'est le premier mouvement de ceux qui disent « vos papiers » aux passants sur toutes les collines du Rwanda : soulever la photo d'identité.

Je ne sais plus si elle leur a déjà tendu sa carte ou si elle tremble trop pour la trouver dans ce sac, à moins qu'elle ait retardé le moment, espérant naïvement que quelque chose arriverait, pour détourner notre mort imminente.

Une idée commence à prendre forme dans ma tête, une île au milieu de la tempête.

Les adolescents auxquels je raconte cela me demandent, un quart de siècle plus tard : « Mais comment avez-vous eu cette idée ? Est-ce que c'est une ruse que vous aviez préméditée ? »

Je leur réponds que c'est sans doute cela que l'on appelle l'instinct de survie. Puis j'ajoute : « Je n'avais rien prémédité mais je m'étais toujours intéressée à l'actualité. » C'est l'occasion pour moi de leur parler des vertus de la curiosité, de les inciter à lire les journaux « sérieux », à diversifier leurs sources d'information. Je suis aussi là pour ça, pour que mon expérience passée permette aux professeurs, ensuite, de leur donner les clés de compréhension du monde, afin de faire d'eux des citoyens ouverts d'esprit et capables de penser par eux-mêmes.

Je leur dis que ma mère a toujours aimé écouter les informations. Trois fois par jour, dans les deux langues et sur trois, voire quatre stations différentes : Radio Rwanda, Radio Burundi, Radio France internationale et parfois Voice of America. Qu'à l'époque je trouvais ça excessif et que la radio était devenue un sujet problématique entre nous, à tel point que le cadeau d'anniversaire pour mes 15 ans avait été une radio-cassette bien à moi, afin que je puisse écouter de la musique, rien que de la musique. Mais j'ajoute que j'avais continué à partager un bulletin d'actualités avec elle, tant son habitude avait fini par déteindre sur moi.

Au printemps 1994 donc j'ai quelques notions de ce qui se joue politiquement dans le pays, malgré mon jeune âge, et je sais que la France est un soutien important du gouvernement génocidaire. C'est cette connaissance qui me pousse à jouer la comédie. Quand je comprends que nous allons être tuées, que la carte d'identité de ma mère va donner le feu vert à notre mise à mort, je décide de prétendre être une Française. Parce que je ne veux pas être réduite à cette carte d'identité rwandaise, je fais du français, langue que je maîtrise depuis l'enfance grâce à une scolarisation à l'école internationale belge, mon nouveau passeport.

J'ouvre la bouche, je lève les sourcils et m'adresse à ma mère, aussi fort que ma voix terrorisée et que la pique à brochette pointée sous mon menton me le permettent : « Mais qu'est-ce qu'ils disent ? Je ne comprends pas ce qu'ils disent maman ! »

Elle reste un instant interdite, mais déjà les mains couvertes de sang commencent à se saisir du sac de ma mère et le visage de l'homme à la chemise vichy affiche un sourire de boucher.

Je dis alors plus fort en regardant celui que j'identifie comme le meneur de la bande : « Je ne comprends pas le kinyarwanda, est-ce que vous parlez français ? »

Comment ai-je fait pour le deviner ? Est-ce parce qu'il est le seul sans armes, le seul propre sur lui, habillé d'une chemisette impeccablement repassée, sans la moindre goutte de sang, et dont la pochette laisse dépasser le capuchon d'un Bic ?

Je crois qu'ils sont une dizaine, peut-être quinze. Ces hommes ont certainement machetté tant de Tutsi depuis le début du génocide qu'ils ont cessé le décompte. Oui, des hommes, pas des bêtes, pas des monstres, des fils, des pères, des époux qui rentreront ensuite à la maison en disant à leur mère, à leur vieux père ou à leur épouse : « Aujourd'hui nous avons bien travaillé. » Et nous, trois femmes, moi très jeune fille encore un peu une enfant, prises au piège de leur regards, de ce cercle de violence qu'ils forment autour de nous et depuis si longtemps animalisées par leur langue, par leur haine construite à coups de propagande et de venin raciste. Et moi qui m'individualise pour dire « je ne comprends pas votre langue ». Je pourrais leur dire « pourquoi faites-vous ça ? » Un pourquoi auquel ils répondraient, comme le fit un nazi en d'autres temps : « Ici il n'y a pas de pourquoi. » Mais je dois sentir que cette question ici ne nous sauverait pas. Ce que je laisse entendre, en me réfugiant dans la langue française, c'est ceci : « Je ne suis pas là pour interroger ou réfuter le sens et la moralité de vos actes. Non. J'appartiens à un ailleurs et ce que vous faites ici ne me concerne pas. » Et le chef de la horde – c'est bien lui – accepte mon adresse. Il doit se sentir valorisé par cette langue que lui seul comprend. C'est un intellectuel. Quand il prend la parole, j'ai l'impression que les autres reculent d'un pas pour qu'il me réponde, comme pour marquer leur respect. Une conversation se noue entre nous. Ma mère a compris mon stratagème et acquiesce à ce que je dis. Et moi, à chaque nouvelle phrase je prends de l'assurance.

Il me demande comment je peux être française, désignant ma mère tutsi, et je lui affirme pleine d'aplomb que mon père est français. Pourquoi n'est-il pas là ? Je dis qu'il est en France et que je devais le rejoindre quand la guerre a éclaté. Mais ce père inventé sur le moment, il me faut lui donner chair, le rendre réel pour lui.

Alors, je saisis dans le sac encore entrouvert de ma mère son carnet d'adresses. Je sais que nous avons plusieurs contacts en France mais la plupart ont leurs noms écrits en couple, Monsieur et Madame Untel. Le seul pour lequel il n'y a qu'un nom d'homme est le beau-frère de Christine, la religieuse française amie de maman. Il est venu au Rwanda avec la sœur de Christine et son mari, quelques années plus tôt, et a décidé, comme eux, de me parrainer. Il est marié mais comme son épouse ne l'avait pas accompagné lors de ce voyage, c'est son nom seul qui figure dans le carnet. Je le désigne du doigt, et on dirait que par ce seul geste je le fais apparaître devant nous et que je le présente au chef de la meute. Voilà, c'est lui mon père, vous voyez et il y a même son adresse.

Je crois que c'est à ce moment que je comprends que mon mensonge prend. Je dis aussi quelque chose comme « François Mitterrand est votre ami, si vous tuez une Française il sera en colère contre vous et cessera de vous aider ». C'est presque une menace. Je n'ai plus rien à perdre. Je suis au fait de l'actualité, j'ai entendu parler de cette fameuse quatrième de couverture du journal extrémiste hutu, sur laquelle figurait le portrait de François Mitterrand sous-titré : « Un véritable ami du Rwanda. »

Quand je raconte cette histoire à des lycéens et lycéennes, je leur explique : « Vous ne savez jamais ce qui peut vous sauver. Mais avoir quelques connaissances sur le monde dans lequel vous grandissez, sur les hommes et les femmes qui nous dirigent ou plus largement sur les enjeux politiques du moment peut vous être utile. Ne négligez jamais cela. »

Je leur dis aussi que faire le bien peut aider, même si ça ne garantit rien, et je leur parle du jeune homme, un gars sans le sou qui vivait à Butare de petits boulots ou de mendicité et auquel ma mère donnait parfois un peu d'argent pour qu'il aille gonfler les pneus de nos vélos, et qui ce jour-là, suivant les tueurs comme on va au spectacle, s'est détaché du groupe pour affirmer aux autres : « Je les connais, oui, elle, c'est bien une Française. » Il n'a pas la moindre idée de la nationalité de mon père mais ce jour-là, il nous a servi de caution, peut-être par reconnaissance ou tout simplement parce que ce témoignage lui donnait une certaine importance dans la scène en train de se jouer, lui qui n'avait jamais été rien d'autre qu'un mendiant.

J'explique aussi aux enfants que des milliers de Tutsi ont été massacrés par des voisins auxquels ils avaient rendu bien des services, dont certains étaient des amis de longue date, que des institutrices ont été violées puis découpées par les élèves auxquels elles avaient appris à lire et à écrire, et que toute la bonté passée n'a plus rien valu face à des tueurs, pas des monstres, pas des bêtes, sciemment amnésiques.

Des citoyens transformés en l'espace de quelques années par une propagande efficace. Je mets les élèves en garde : « N'allez pas croire que la propagande ne fonctionne que sur des paysans africains en majorité analphabètes, n'oubliez pas que le système nazi a su gagner les esprits de très nombreux intellectuels européens, voyez comme aujourd'hui les discours néo-fascistes gagnent du terrain dans les médias français, interrogez-vous sur les convictions politiques des propriétaires de certaines chaînes de télévision, journaux ou maisons d'édition. Ici et maintenant. Nous devons toujours être vigilantes et vigilants. »

Au terme d'une discussion qui me paraît à la fois rapide et interminable, le chef de la meute, à qui j'ai expliqué aussi que l'autre femme cachée avec nous est ma tante, pour la mettre sous la protection de mon tissu de mensonges, décrète qu'il ne faut pas nous tuer.

Il me dit qu'il y a encore un Français dans la ville, François Pigeot[1], et qu'il va aller le chercher pour lui signaler notre présence. Je prétends que je le connais, ce qui est encore en partie un mensonge. Je ne le connais pas personnellement mais je vois de qui il s'agit : le propriétaire du garage juste en face du camp militaire de Butare, un homme d'une quarantaine ou cinquantaine d'années qui traînait souvent avec les militaires français. Il est venu dîner

1. Le nom a été changé.

une fois dans la famille belge où je suis en pension à Kigali en période scolaire.

Au moment de partir, le chef de la meute nous donne le numéro de téléphone où il peut être joint en disant de l'appeler si on a un problème.

Des années plus tard, j'ai retrouvé dans des papiers anciens ce bout de papier où est écrit son prénom et les chiffres que nous n'avons jamais composés : Gérard 30 099.

Il nous a dit être un étudiant de l'université de Nyakinama, près de Ruhengeri. J'apprendrai plus tard que les autorités ont ainsi fait venir des Nordistes, bien plus extrémistes, dans le Sud pour « faire avancer le travail ».

La horde est partie, nous laissant tremblantes et en partie soulagées. C'est à ce moment-là, il me semble (mais le temps alors était distendu), que je vois les corps des deux jeunes hommes assassinés. Je les connaissais. L'un d'eux a un temps partagé notre cache dans l'ancien cinéma. C'est la première fois que je vois un cadavre, j'ignore ce qu'il faut faire. Personne ne semble le savoir. Je cueille des fleurs qui poussent sur un buisson près de là et je les dépose à leurs pieds, en évitant de regarder leurs visages et les plaies qui couvrent leurs corps.

Avec le recul je me dis que mon geste était puéril, presque ridicule, mais sur le moment je sais que j'avais besoin de bricoler ainsi quelque chose avec la mort, pour tenter de la tenir un peu à distance.

Plus tard j'apprendrai que les deux hommes qui ont réussi à fuir la horde ont été retrouvés et ramenés à l'hôtel pour y être tués aussi. Je n'ai pas compris pourquoi ils n'ont pas été tués là où on les a trouvés, dans les bois, de l'autre côté de l'enceinte sud de l'hôtel. Pourquoi les ramener sur le lieu de leur cachette ? À moins qu'on ne m'ait raconté une histoire inexacte ou que je l'aie confondue avec une autre.

Le temps qui passe érode les souvenirs, et les différentes histoires, entendues, lues ou vues dans des documentaires, se mêlent. Ma mémoire a parfaitement fixé certains moments et en a brouillé d'autres.

Lors de l'attaque, le jardinier hutu de l'hôtel avait le regard un peu fuyant, il n'a rien fait pour tenter de nous défendre des tueurs. Une fois l'orage passé, une fois à l'abri, nous repenserons à son attitude et supposerons que c'était lui ou son père qui avaient fini par nous dénoncer.

Je n'essaie pas de leur trouver des circonstances atténuantes mais, aux élèves qui semblent plongés dans une grande incompréhension je demande : « Est-ce si facile de devenir un juste ? » Un jour la guerre éclate et vous ouvrez votre porte aux fugitifs, par simple esprit de solidarité, parce que vous n'acceptez pas qu'ils meurent comme ça, parce que vous êtes convaincus que c'est ce qu'il faut faire. Peu à peu vous comprenez qu'en les aidant vous avez pris des risques, que ceux qui veulent les tuer peuvent s'en prendre à vous aussi, que ces gens, il faut les nourrir tous les jours, parfois partager avec eux votre maison qui n'est pas grande, vos repas qui étaient déjà frugaux. Ça va une semaine, un mois, mais après ? N'en venez-vous pas à regretter de vous être ainsi engagés, si la guerre dure plus longtemps que prévu – sait-on jamais, quand une guerre éclate, combien de temps elle durera ? –, et ne souhaitez-vous pas qu'ils s'en aillent et vous laissent votre pain ? Puis vous songez que quand ils seront morts, vos frères cesseront de vous reprocher votre faiblesse.

Au Rwanda, quelques Hutu ont été abattus parce qu'ils avaient refusé de livrer les Tutsi qu'ils cachaient. Les récits croisés des rescapés ont aussi révélé que souvent, des hommes qui cachaient des proches, famille ou amis, dans leurs maisons, allaient également tuer sur une barrière non loin de là, pour ne pas éveiller les soupçons.

C'est pourquoi il y a eu assez peu de justes, finalement, de gens qui ont tenu leur ligne de bonté tout du long, qui ont refusé de participer aux massacres, du début à la fin.

Trois mois, c'est court. Mais en cette saison de sang, chaque jour semblait durer une éternité.

Je ne cherche pas à justifier ni à pardonner, je tente juste de poser quelque part ma colère pour vivre sans porter le poids de la rancœur.

Qu'auriez-vous fait à leur place ?

Les enfants protestent avec énergie. Bien sûr que non ! Moi je ne vous aurais pas livrée.

Je me dis que c'est toujours ça de pris. Ils se seront déjà posé la question une fois dans leur jeunesse, si un jour ils se retrouvent à devoir faire ce genre de choix. Est-ce qu'on se prépare à devenir un juste ? Est-ce que le bien est une affaire d'apprentissage ? Le Rwanda a fait mentir tant de convictions. Ceux qui ont été aidés par les pères hutu lors des pogroms contre les Tutsi des années 1960 ou 1970 se sont tournés vers les fils, pensant que cette attitude avait été transmise, et se sont trouvés tués. À chaque génération sa moralité. Je ne peux qu'espérer que l'adage « ça saute une génération » mettra les petits-fils dans les pas des sauveurs et qu'entre-temps l'éducation aura fait le reste.

Lors de mon témoignage à Nice, en novembre 2022, un adolescent me demande un peu brutalement : « Mais pourquoi vous ne vous êtes pas défendus ? » Je lui renvoie une question : « À ton avis, comment pouvait-on s'y prendre ? » « Avec les couteaux que vous aviez à la maison, les lances ou les armes de ceux qui étaient des chasseurs. »

Je lui raconte, à lui et à ses camarades, les décennies d'endoctrinement, comment les Tutsi étaient devenus des citoyens de seconde zone mais aussi, dans une préfecture comme Butare, les familles qui s'étaient mariées entre elles et qui avaient tenté de dépasser l'ethnisme (car après tout Hutu et Tutsi avaient toujours eu la même langue, la même religion, la même culture et vivaient sur le même territoire depuis toujours, il n'y avait qu'une ethnie rwandaise), comment la confiance tenait aussi à ça. Je leur parle des Juifs de France qui se disaient « je suis français, je me suis battu pour mon pays, celui-ci ne pourra s'en prendre à moi ». Je leur dis que nous avions confiance en la communauté internationale, parce qu'il y avait des « forces de maintien de la paix » stationnées dans le pays. Et puis je leur dis que quand ça a commencé, les couteaux de cuisine ne pouvaient rien pour nous, je leur parle de la peur qui paralyse, du fait que dans l'expression « crime de masse », ici la masse ne désigne pas uniquement les tués mais aussi les tueurs. Ils attaquaient par hordes, ils arrivaient à dix, vingt, cinquante.

L'heure avance et je n'ai pas le temps de leur parler de ceux qui ont tenté la résistance, les Tutsi de la chaîne de collines de Bisesero, armés de lances érodées et des cailloux qu'allaient ramasser les femmes et les vieillards, de celui qui en a pris la tête parce qu'il avait l'expérience de la résistance menée déjà lors des pogroms de 1959, 1962 et 1973, Aminadabu Birara, qui a organisé les hommes afin que les familles, massées au sommet des collines, puissent repousser les tueurs armés de machettes. Ils ont tenu jusqu'au 13 mai. Ce jour-là, les assaillants étaient revenus accompagnés de militaires armés. Que peut une lance ou un arc face à une kalachnikov ? Une poignée a survécu jusqu'au mois de juin, jusqu'à l'arrivée de l'opération française Turquoise qui les a abandonnés aux tueurs durant trois longs jours avant de revenir [1]. Je n'ai pas le temps de leur parler de tout ça mais j'espère, au terme de mon exposé, qu'ils ont compris le processus de domination qui fabrique des victimes, sur le long ou le court terme. Je leur parle de l'impunité et de la culture de la violence. Et parce que la féministe que je suis souhaite leur faire comprendre les mécanismes communs aux différentes oppressions, je trace le parallèle avec la culture du viol. Toutes ces fois où l'on demande à une femme violée : « Pourquoi tu ne t'es pas défendue ? »

---

1. Le 27 juin 1994, un groupe de soldats français de l'opération Turquoise découvre environ 2 000 Tutsi survivants mais toujours menacés à Bisesero. Ils promettent de revenir les aider au plus vite. Il faudra trois jours pour qu'un autre bataillon les retrouve, sous la pression de journalistes. Pendant ce temps, les tueurs hutu, qui savaient désormais où ils étaient, ont tué la moitié des Abasasero tutsi. Pour en savoir plus, lire, entre autres, le livre de Patrick de Saint-Exupéry, *L'Inavouable. La France au Rwanda*, Les Arènes, 2004.

7 juin 1994. Nous sommes encore là, dans cette cour devant la chambre d'hôtel, notre cache découverte, survivantes mais pour combien de temps encore, quand un militaire arrive. De nouveau la peur panique. Il a un pistolet à la ceinture. Il s'est approché sans bruit, à moins que nous n'ayons été trop bouleversées pour le voir venir, mais tout d'un coup il est là et demande qui nous sommes. Les adultes expliquent mais visiblement lui ne voit pas en quoi être la fille d'un Français me rend intouchable. Très vite il cesse d'écouter les autres et darde son regard vers moi.

Quel âge avait-il ? Je l'ignore mais il était relativement jeune, j'ai oublié ses traits, comme ceux de tous les autres tueurs. Aujourd'hui si je le croisais dans la rue, je serais incapable de le reconnaître.

C'est un simple soldat mais Karoli lui donne du « sergent » ou du « caporal » pour l'amadouer. Il me regarde avec une insistance terrifiante, les narines dilatées. La moitié de son visage est mangée par une éruption cutanée étrange. De nouveau la mer déchaînée dans ma tête. Il me dit de rentrer dans la chambre d'hôtel et pose la main sur sa ceinture. Je vois la béance dans les yeux de ma mère et je comprends. Je réitère mon stratagème, je fais semblant de ne pas comprendre sa langue à lui et ma mère se met à le supplier, elle pleure en tentant de s'interposer entre lui et moi. Le tremblement qui saisit mon corps entier à ce moment-là reste un mystère. Comment puis-je rester debout alors que je ne suis plus qu'une enveloppe de peau remplie d'eau agitée ? Sa ceinture est complètement défaite, il commence à s'impatienter. Je ne sais pas ce qu'il veut me faire exactement dans la chambre mais je sais que c'est terrible car depuis le début du génocide j'ai entendu ce qui se dit à demi-mot, « *bamukoreye ibya mfura mbi* », « *baramurongoye* » ou « *baramuhohoteye* ».

Aujourd'hui encore je m'interroge sur cette langue qui a depuis toujours utilisé de tels euphémismes pour parler du viol. La première expression est très difficile à traduire. « *Imfura* » est le terme qui désigne le noble de cœur et par opposition « *imfura mbi* » signifie « le mauvais *imfura* ». La signification littérale de l'expression serait donc : « On lui a fait des choses de mauvais homme. » Le deuxième terme est encore plus déroutant car il signifie « se faire marier ».

Il y a aussi le verbe « *kubohoza* », proche de « *kubohora* », mais alors que le second signifie libérer, l'autre était utilisé pour désigner les viols collectifs, devenus légion alors.

Ce jour-là, il est seul et moi, immobile, je tente de faire face à son regard fiévreux. Quelques semaines plus tôt, notre professeur de français, qui nous faisait un cours sur le théâtre, nous a appris l'expression *deus ex machina*[1] que j'ai trouvée jolie. À ce moment précis, alors que je prétends en français ne pas comprendre la langue de cet homme qui veut me forcer, c'est cette expression qui traverse les vagues immenses de mon littoral de folie, ce bout de latin venant du temps où le drame n'était qu'une fiction jouée par des comédiens. Je m'y accroche comme à une bouée, pour ne pas entendre ce qui est sur le point d'advenir. Il est impossible que le seul fait de formuler une chose dans sa tête la fasse advenir, et pourtant l'instant d'après il est là, mon *deus ex machina*. Pendant que cette scène réelle se joue, dans les coulisses, le serveur de l'hôtel s'est précipité dehors, sur la grand-rue de Butare, là où

1. Expression latine qui signifie « Dieu sorti d'une machine ». Elle est employée dans le domaine de la dramaturgie pour désigner « l'événement inattendu et improbable qui vient régler les problèmes du protagoniste à la dernière minute ». Yves Lavandier, *La Dramaturgie : les mécanismes du récit*, Le Clown et l'enfant, 1994.

il sait que sont stationnés d'autres militaires et il a appelé à l'aide.

Tout cela. Au moment où je l'écris. Me semble si irréel. Pourtant. Cela a été. Une chance inouïe que peu ont rencontrée en ces jours de cendre. Le serveur, Vénuste, est revenu avec un GP, un garde présidentiel, de ceux qui sont alors au sommet de la hiérarchie des soldats, et sans doute cet homme avait-il été informé de l'histoire que la horde avait racontée en partant, qu'il y avait là une Française et que leur chef était parti chercher le garagiste blanc pour venir la récupérer. Je ne sais pas comment tout cela se joue mais le GP arrive et signifie au soldat sur le point de me violer dans la chambre de l'hôtel qu'il doit nous laisser tranquilles.

C'est fini.

Je me suis assise sur un muret et j'ai écouté dans ma tête la mer se retirer.

En 2003, neuf ans plus tard, cette histoire m'est revenue de façon inattendue. J'étais coordinatrice d'un projet de lutte contre le sida de Médecins sans Frontières à Douala, au Cameroun. Un soir que je lisais, assise sur la terrasse de notre appartement situé Carrefour Armée de l'Air, après une journée de travail, mon collègue et colocataire, un jeune médecin virologue italien, est rentré visiblement impatient de me montrer quelque chose. Il avait passé l'après-midi à ausculter des patients atteints du VIH au centre de santé Congo II, dans le district de New Bell, un quartier très populaire de la ville où l'ONG intervenait. Il avait pris des photos et j'imagine qu'elles étaient la preuve qu'enfin il était sur le terrain, que les cas théoriques appris à l'université de Milan s'étaient transformés, devant ses yeux, en de vrais patients. « Il faut que je te montre ça, Beaaata ! » – il avait cette façon d'allonger certaines voyelles dans le français que lui avait enseigné une grand-mère séfarade. Alessandro avait un appareil photo numérique, outil encore rare à cette époque. C'est alors que j'ai revu, sur son écran, la peau du soldat qui avait failli me violer. C'était la même, outre la forme du visage, les yeux ou la bouche, c'était la même éruption cutanée mangeant la moitié du visage, depuis l'oreille jusqu'au menton, des boutons rouges remplis de liquide qui formaient comme des monticules et commençaient à créer de petites lésions dans la peau.

« Regarde-moi ce magnifique zona facial, je n'en ai jamais vu un pareil ! » Le médecin s'extasiait et moi je comprenais ce à quoi j'avais échappé.

J'ai lu depuis que l'on estime qu'environ 250 000 femmes tutsi ont été violées pendant le génocide et qu'il y a eu une volonté délibérée de faire exécuter ces crimes par des hommes séropositifs. J'ai entendu raconter que certains décidaient de ne pas tuer leurs victimes et les laissaient au sol en leur disant : « Ce que je te laisse là te tuera à petit feu. » À la veille du génocide, le Rwanda était un des pays d'Afrique les plus touchés par le virus, avec notamment plus du quart de la population de Kigali contaminée.

C'est au moment où j'effectuais cette mission pour MSF Suisse au Cameroun qu'ont commencé les procès du Tribunal pénal international pour le Rwanda à Arusha. Je me souviens de la colère immense que j'ai éprouvée en apprenant que les hommes génocidaires présumés qui s'y trouvaient, ceux atteints du VIH, recevaient une trithérapie payée par les Nations unies, alors que les femmes qui avaient été violées étaient effectivement en train de dépérir au Rwanda car l'accès aux soins dans le pays était alors encore insuffisant. Je me souviens que ma colère avait aussi été provoquée par ce qu'on entendait de certaines audiences où la parole des femmes qui avaient eu le courage immense de venir témoigner du viol subi était mise en doute par des avocats d'une violence inouïe, les accusant de mentir parce que, affirmaient-ils, dans les conditions du génocide, où elles n'avaient sans doute pas pu se laver depuis des jours, il était peu probable que ces hommes aient voulu d'elles.

7 juin 1994. Fin d'après-midi. Un temps est passé. Le garagiste français arrive. Je lui raconte la

même histoire ; pour plus de crédibilité, je lui dis que je suis la nièce par alliance de sœur Christine, la religieuse française dont la famille me parrainait. Il la connaît, comme tous les Français vivant à Butare, puisqu'il est chef d'îlot, chargé par l'ambassade de France des évacuations de ses compatriotes en cas de troubles. Sur le moment, il a l'air de me croire et dit qu'il va m'emmener à l'évêché pour me mettre en sécurité. Il ne peut pas emmener ma mère ni l'autre dame pour l'instant, mais promet de revenir les chercher. Et cette fois j'abandonne maman. Elles ont le numéro de téléphone du milicien étudiant et m'assurent qu'elles l'appelleront si besoin. Le téléphone de l'hôtel est-il fonctionnel ?

Le Français m'adresse à peine la parole dans son pick-up où je suis montée avec mon petit sac de fuite, celui qui contient mes bulletins scolaires et mon album photo. Il semble ennuyé de devoir gérer ma situation. Mais l'évêché est à cinq minutes à peine en voiture de l'hôtel où nous étions cachées, ça se passe en un clin d'œil. Par la fenêtre en prenant la route qui descend vers le quartier de Buye, je vois une barrière sur la grand-route, un arbre mort posé sur des bidons, une bande de gars armés avec des bouteilles de bière à la main ; le soleil commence à décliner.

Je passe la nuit dans l'appartement d'une religieuse allemande qui travaille à l'évêché, Maria Utler ; elle me connaît bien. Je crois qu'elle a même enseigné durant les années 1960 au lycée qu'a fréquenté ma mère à Save. Mon sommeil est entrecoupé de réveils brutaux et de rêves tourmentés. Je me demande si je retrouverai ma mère vivante, le lendemain.

J'ai perdu les repères du temps, j'ignore si c'est dans la matinée ou l'après-midi du lendemain que Pigeot revient. Il apporte une bonne nouvelle, un autre *deus ex machina* : « Sœur Christine est arrivée aujourd'hui à Butare. »

Quelques religieux blancs de Butare évacués au Burundi à la mi-avril avaient obtenu des autorités génocidaires le droit de venir régulièrement dans la ville pour apporter des vivres aux congrégations qui n'avaient pas pu quitter le pays.

« Sœur Christine est à l'école sociale, je vais vous conduire à elle. »

Et maman ?

« J'irai la chercher juste après pour la ramener là-bas aussi. »

De nouveau son pick-up, un trajet de quelques kilomètres à peine, de nouveau passer près d'un barrage qui ne l'arrête pas, il semble connu de tous les miliciens, il circule ici sans la moindre difficulté.

Plus tard j'effectuerai quelques recherches sur lui pour tenter de comprendre ce qu'il faisait là. Il semblerait que c'était une barbouze. La seule trace de lui que nous ayons retrouvée sur internet, mon mari et moi, dit qu'il a été nommé chevalier de l'ordre national du Mérite, à la demande du ministère de la Coopération, par un décret de mai 1994 (en plein génocide !). Pour « 29 ans d'activités professionnelles et de services militaires ». Il aurait été évacué de Butare le 3 juillet par l'opération Turquoise, soit le même jour que le dernier convoi de Terre des hommes mais, dans son cas, vers la zone Turquoise proche du Congo où le gouvernement et l'armée génocidaire allaient aussi trouver refuge.

En arrivant à l'école sociale, sœur Christine, qui me connaît depuis toujours, me serre dans ses bras en silence. Elle et François Pigeot se dirigent vers le centre de l'école, au niveau des dortoirs, qui ont été transformés en centre d'accueil pour enfants géré par l'ONG Terre des hommes. Il y a beaucoup de monde, je colle à leurs pas, craignant de rester derrière. À ce moment-là j'entends le garagiste dire à la religieuse : « Il paraît que son père n'est pas du tout français et que vous n'avez aucun lien de parenté. On m'a dit que son père était polonais. » Mon cœur se fige. Je sais qu'elle lui dit quelque chose, une phrase dont j'ai oublié les mots exacts mais dans laquelle elle lui demande de nous aider, elle se porte garante de moi. Il répond « de toutes les façons j'ai déjà fait le papier ». Il me remet alors une feuille blanche tapée à la machine. Un en-tête avec le cachet de l'ambassade de France au Rwanda et quelques lignes : « Je soussigné, François Pigeot, représentant de l'ambassade de France au Rwanda, atteste par la présente que Beata Umubyeyi est la fille de .... domicilié à ...... et doit au plus vite rejoindre son père en France. Etc. »

Il explique à Christine comment il a trafiqué le tampon de l'école française de Butare, en coupant cette mention, pour ne garder que la suite, « ambassade de France au Rwanda... ».

Puis il part chercher ma mère. Pendant que je l'attends, un jeune professeur de sport du Groupe scolaire, qui fait partie des badauds présents sur les lieux, me reconnaît. Je me méfie quand il me demande, l'air peiné : « Oh, Beata, Dieu merci tu es là, mais où est maman ? » Je fais semblant d'être éplorée et murmure : « Elle a été tuée. »

Je veux m'assurer, tant qu'elle ne m'a pas rejointe dans cette école, que personne n'ira l'assassiner là où je l'ai abandonnée.

Christine me donne des vêtements de rechange puis me confie à une jeune femme qui s'occupe des enfants réunis là. Elle me dit qu'elle doit repartir au Burundi, qu'elle fera son possible pour nous sortir de là. Je ne la reverrai qu'un mois plus tard, en France.

On m'installe dans une des alcôves du dortoir avec des matelas au sol. Claire, une jeune fille de deux ans mon aînée, m'accueille et me désigne ma couche. Elle me présente ses sœurs qui occupent avec elle les autres lits. Elles me prennent sous leur aile dès le premier jour, m'expliquent le fonctionnement du centre.

Plus tard, la femme à laquelle sœur Christine m'a confiée à mon arrivée vient me chercher discrètement et m'emmène jusqu'à une porte fermée sur laquelle elle frappe doucement. Quand la porte s'entrouvre, je retrouve ma mère. On l'a cachée dans l'ancienne chambre de la gardienne de nuit qui surveillait le dortoir lorsque les élèves du lycée y dormaient. Elle va y demeurer, sans sortir, jusqu'à notre départ le 18 juin.

Nous tombons dans les bras l'une de l'autre, et là non plus je ne pleure pas. Ma mère est de plus en plus maigre. Dans un coin de la chambre, il y a une douche avec un seau d'eau. Elle lave mes longs cheveux qui ne l'ont pas été depuis près de deux mois. L'eau est froide, il faut l'économiser. Puis je retourne vivre avec les autres enfants dans le dortoir. Quand la nuit tombe abruptement vers 18 heures comme c'est le cas chaque jour là-bas, nous nous allongeons sur nos couches et nous nous racontons nos histoires de fuite et de morts. Claire est l'aînée de cinq filles qui ont réussi à survivre en se réfugiant chez leur tante, mariée à un Suisse, qui à son tour les a confiées à Terre des hommes avant d'être évacué.

Leur père et leur mère ont été tués.

La nuit, les petits pleurent beaucoup, on entend les cauchemars des uns et des autres jusqu'aux premières lueurs de l'aube. Certains ont des bandages immenses, à la tête ou aux bras. Des bras qu'ils ont levés pour se protéger d'un coup de machette ou de gourdin. On me dit que les enfants ont été amenés là par des gens qui les avaient cachés un temps ou ramassés encore accrochés aux cadavres de leurs parents. On me dit que d'autres enfants sont des orphelins d'avant les massacres, Hutu et Tutsi confondus, et qu'ils ont fui avec leurs encadrants les combats armés à Kigali. Il y a aussi des enfants et adolescents handicapés moteurs qui vivaient au centre de rééducation de Gatagara, près de Nyanza, et qui ont été évacués ici.

Les enfants blessés sont pour la plupart devenus muets, leurs regards sont emplis de sidération. Ils restent assis ou couchés, immobiles. D'autres pleurent sans discontinuer jusqu'à ce que le sommeil les emporte. Quelques-uns sont d'une maigreur insoutenable et leurs cheveux sont devenus filasse et rouges.

Je ne sors du dortoir que pour aller chercher la gamelle quotidienne. Dehors, devant la porte de ce qui était auparavant la bibliothèque de l'école, se tiennent toujours des gens de l'extérieur, militaires ou civils : ils viennent voir qui est là ; certains regrettent sans doute de ne pouvoir nous tuer sur place.

Une après-midi, une jeune femme est portée à l'intérieur du dortoir, dans l'alcôve voisine de la mienne. Elle est inconsciente. Elle a été ramassée devant l'école, sur la grand-route, derrière les bois d'eucalyptus. Son pagne est souillé de sang au niveau du bas-ventre. J'ignore combien de miliciens ou de militaires l'ont saccagée. Je reste de longues heures à écouter ses râles, tétanisée par l'idée de ce qu'ils lui ont fait subir d'irrémédiable. J'ignore son nom ; elle meurt le lendemain sans avoir prononcé un seul mot.

Au bout d'une semaine environ, je dois rejoindre ma mère dans sa cache, car une rumeur a commencé à circuler à mon sujet, dans ce groupe de vautours amassés devant la bibliothèque. Certains d'entre eux colportent que je serais la fille du ministre Landoald Ndasingwa (Lando), ils pensent que j'ai échappé au meurtre de sa famille et que j'ai trouvé refuge ici. Il y a un risque qu'ils viennent me chercher pour aller me tuer, dans le bois d'eucalyptus ou ailleurs.

Lando était le fondateur et vice-président d'un des principaux partis d'opposition, le Parti libéral, et par ailleurs le seul ministre tutsi du gouvernement de transition démocratique dont la plupart des membres ont été tués aux premiers jours du génocide.

Sa femme était canadienne et ils avaient deux enfants métis. Nous avions appris que toute la famille avait été abattue à Kigali. Je vois bien qui est la fille de Lando – je crois qu'elle s'appelait Malaïka – car elle était scolarisée à l'école belge de Kigali, comme moi. Elle était plus grande que moi de taille, avait plus de rondeurs et les cheveux courts. Nous n'avions en commun que notre peau métisse, mais de cela, la rumeur qui gonfle se contrefiche. Alors je dois de nouveau me cacher.

La pièce où nous passons nos derniers jours à Butare est dotée d'un lit simple, d'un matelas, de draps et de couvertures. Un luxe incroyable. Quelqu'un nous apporte un peu d'eau et de nourriture tous les jours. Nous avons là des conditions bien plus confortables qu'auparavant mais moins de contacts avec l'extérieur. Les fenêtres de cette chambre sont trop hautes pour nous permettre de voir ce qui se passe dehors. Hormis les pleurs des enfants, tous les bruits sont feutrés. L'avenir reste incertain.

Un matin, un groupe d'étrangers vient nous voir. Je crois qu'ils sont trois. Dans mon souvenir je leur parle en anglais, traduisant pour eux les propos de ma mère. Très vite après, on nous fait appeler : il y a un convoi de camions qui part vers le Burundi, nous allons en faire partie.

Lorsque maman et moi sortons de notre chambre-cachette, la cour devant le dortoir grouille de monde. Deux grands camions sont garés, prêt à embarquer leur chargement d'humains en sursis. Je ne me souviens pas comment nous montons là-haut, j'ai en mémoire de vagues images de mains tendues qui nous tirent et d'autres qui poussent, puis celles d'une installation tout au fond du container. Les parois résonnent fort quand on tape dessus. Des couvertures grises ont été étalées pour éviter sans doute le contact avec les échardes du plancher et la saleté laissée par les différentes marchandises transportées autrefois par le véhicule pour ravitailler ce petit pays enclavé, depuis le lointain port de Mombassa ou celui de Dar es-Salaam. Nous n'avons *a priori* aucune valeur marchande. Pour les humanitaires nous sommes une bonne action, pour les journalistes nous représentons une bonne histoire. Mais il se pourrait bien que le préfet Nsabimana, qui va accompagner le convoi jusqu'à s'assurer que nous ayons bien traversé la frontière, il se pourrait bien que cet homme voie en nous une possibilité de transaction, un pari sur l'avenir. Vos vies contre la mienne. Le vent tourne : bientôt son gouvernement, son armée génocidaire seront en déroute. Alors il lui sera bien utile de pouvoir dire : « J'ai sauvé des Tutsi. »

Mais pour l'heure le convoi démarre. Une des deux lourdes portes du container est restée entrebâillée, retenue par une corde, pour ne pas nous plonger totalement dans le noir, et laisser l'air pénétrer. Je me souviens que deux hommes blancs, aux cheveux clairs, se tiennent par moments à cette porte. Plus tard, en voyant les images de la BBC, je saurai qu'il s'agissait du preneur de son et du cameraman.

Je perds toute notion du temps. Les camions et la poignée d'autres plus petits véhicules qui constituent le convoi avancent par à-coups. Nous mettrons plusieurs heures à parcourir les trente kilomètres qui séparent Butare de la frontière. C'est que la route est hérissée de nombreuses barrières tenues par des miliciens. Souvent il s'agit d'un tronc d'arbre posé sur le chemin. Des hommes armés de machettes, de gourdins et autres outils de mort contrôlent tout ce qui passe. Je ne les ai pas vus, ceux-là, car chaque fois que nous sentons le camion ralentir, maman et moi nous couchons à plat ventre et nous recouvrons de draps et de pagnes avant que des petits enfants s'assoient sur nous. À chaque barrière, les miliciens furieux regardent dans le camion, scrutant les visages des petits, conscients qu'il y a parmi eux de nombreux Tutsi qui leur échappent.

Une fois arrivés à la frontière, nous ne pouvons plus nous cacher. De nouveau, des bras anonymes se tendent pour nous aider à descendre.

Ma mémoire de ce moment est parcellaire. Certaines scènes sont restées clairement inscrites en moi, d'autres demeurent floues. J'ignore par exemple dans quel ordre les choses se sont déroulées.

À trois reprises mon cœur s'emballe et manque de s'arrêter.

•••

Ma mère aperçoit un militaire en train de boire une bière avec un autre homme, ils sont attablés devant une maisonnette qui doit faire office de cabaret, surplombant le poste-frontière et le terre-plein sur lequel nous avons été débarqués. Elle semble le reconnaître et s'avance, le regard levé vers lui et le visage tendu. Je la suis, ignorant de qui il s'agit. L'homme aussi nous reconnaît, ses yeux expriment de la surprise. Il fronce les sourcils et nous signifie d'un signe de la tête que nous ne devons pas nous approcher de lui. C'est plus tard que je comprendrai ce qui s'est joué là. Le militaire en question est le colonel Alphonse Nteziryayo. Il est originaire de la même colline que maman, alors forcément ils se connaissent. À ce moment-là, elle ne sait rien du rôle très actif que cet homme a joué dans l'extermination des Tutsi de chez elle. Sans doute pense-t-elle, en le voyant, qu'il pourrait nous aider à traverser la frontière.

Pourquoi ne nous fait-il pas tuer sur-le-champ ? À cause des humanitaires et des journalistes ?

•••

Un soldat met ma mère en joue avec son arme. Nous sommes un peu en retrait de la foule, j'ai l'impression que personne ne remarque ce qui se passe. L'homme n'a même pas demandé sa carte d'identité à ma mère, il a dû juger à ses seuls traits qu'elle devait mourir. De nouveau la béance dans notre regard, le sentiment affolant que tout va finir là, à quelques mètres du salut. Le préfet a-t-il vu cette scène ? Je l'ignore. Je me souviens du bruit que fait le fusil du soldat, un clic dont je comprendrai l'origine quelques années plus tard en regardant un film en France. De nouveau un *deus ex machina* : un autre militaire, sans doute un officier (est-ce Nteziryayo ? Est-ce suite à cet incident que ma mère le remarque et tente de s'approcher de lui ? Tout est mélangé dans mon souvenir), l'arrête, en lui montrant les journalistes blancs qui sont en train de filmer une autre scène non loin de là.

C'est plus tard que je déduirai que c'est chaque fois la présence des reporters qui nous a sauvées. Sans doute aussi celle des humanitaires, même si j'apprendrai que lors du précédent convoi, ceux-ci n'avaient pu empêcher que des Tutsi adultes soient renvoyés à Butare.

Je songe, *a posteriori*, à ce pouvoir des Occidentaux, qui par leur seule présence peuvent sauver des vies, au moment où les autorités génocidaires souhaitent améliorer leur image à l'international. Je ne peux m'empêcher de comparer le nombre ridicule de journalistes présents au Rwanda à celui – 2 500 [1] ! – de leurs collègues envoyés à la même époque couvrir les premières élections libres en Afrique du Sud.

Je ne peux m'empêcher de ressasser l'idée admise aujourd'hui que ce génocide aurait pu être arrêté sans difficulté par les militaires étrangers venus évacuer les expatriés début avril (400 Belges et 500 Français) s'ils avaient uni leurs forces à celles des 2 500 Casques bleus présents dans le pays. L'abandon de la communauté internationale est bien résumé dans ce constat d'un jeune chercheur français : « [...] ces quelques milliers d'hommes n'auraient sans doute eu guère de difficultés à mettre un terme aux massacres à Kigali. [...] L'arrêt des massacres à Kigali dès les premiers jours aurait pu endiguer les tueries dans le reste du pays [2]. »

•••

Est-ce après ou avant ces scènes-là que ma mère se rend au bureau du poste-frontière ? Je l'ignore. Je me souviens vaguement d'un guichet, de maman qui tend son passeport, de ses mains qui tremblent,

1. Nathan Réra, *Rwanda, entre crise morale et malaise esthétique – Les médias, la photographie et le cinéma à l'épreuve du génocide des Tutsi (1994-2014)*, Les Presses du réel, 2014.

2. Florent Piton, *Le Génocide des Tutsi du Rwanda*, La Découverte, 2014.

des nombreux regards qui nous scrutent, des voix assourdies des dizaines d'enfants derrière nous que les humanitaires dirigent vers la guérite.

Et puis, alors que nous les rejoignons à notre tour, je me souviens du préfet – comment est-ce que je sais que c'est lui ? Nous ne le connaissions pas avant 1994, peut-être que quelqu'un nous l'a présenté avant de quitter Butare ? – qui s'adresse à nous d'un air jovial. Il me dit en français : « Alors tu es contente, tu vas pouvoir rejoindre ton père en France ! » Et moi sans réfléchir je réponds : « Oui ! *Murakoze cyane*[1]. » Le visage du préfet se fige un instant et il dit : « Hé, on m'avait dit que tu ne parlais pas le kinyarwanda. » Et moi, paniquée, qui tente de rattraper ma bourde – ça serait trop bête que mon beau mensonge échoue si près du but –, de protester en imitant l'accent des Blancs quand ils parlent notre langue : « *Gaké gaké*[2]. » Cela semble lui suffire, il nous souhaite un bon voyage (!), me dit qu'il ne faudra pas que j'oublie mon pays là-bas et qu'il espère que je reviendrai leur rendre visite plus tard. À l'entendre, désinvolte et bonhomme, on dirait que je pars juste faire mes études en France, et non que je fuis une extermination à laquelle – je l'ignore alors – il a lui-même participé.

1. « Merci beaucoup » en kinyarwanda.
2. « Un peu, un peu. »

Nous lui serrons la main, le remercions encore et rejoignons le mouvement des enfants qui ont commencé à traverser la frontière. Est-ce que nous remercions aussi les humanitaires de Terre des hommes ? J'ose espérer que oui, mais je n'en garde aucun souvenir. Ma mère, affaiblie par plus de deux mois de privations et d'angoisse, flotte dans son survêtement rouge à mes côtés. Je ne me retourne pas. En face de nous, de l'autre côté de la guérite d'entrée au Burundi, il y a de nombreux étrangers venus avec des véhicules, minibus, pick-up, pour nous accueillir. Certains sont des anciens de Butare, évacués en avril. En nous reconnaissant, quelques-uns éclatent en sanglots et serrent nos maigres épaules. « Vous êtes encore vivantes ! »

Dans ce comité d'accueil se trouvent la religieuse canadienne de la même congrégation que sœur Christine, dont j'ai prétendu que j'étais la nièce, et Georges, un collègue à elle. Ils nous conduiront directement à Bujumbura, la capitale, et à partir de ce moment-là nous ne serons plus en lien avec Terre des hommes. Nous resterons deux semaines au Burundi, le temps d'obtenir un visa pour la France.

Durant ce séjour à Bujumbura, nous retrouvons ma cousine Rafiki, qui a pu quitter la colline familiale le 17 avril. À ce moment-là, les gens pensaient que si l'on venait à tuer les Tutsi, on s'en prendrait surtout aux personnes éduquées, aux citadins, comme lors des précédents pogroms. Ma cousine nous a raconté comment son père attendait inquiet au bord de la route menant à la ville de Butare, espérant que nous viendrions nous réfugier à la campagne, en sécurité. Quelques jours plus tard, les tueries ont été sans pitié sur ces collines. Et, quelle ironie, c'est en ville que nous avons pu survivre ; cette ville nous a offert des cachettes inimaginables à la campagne. Avec deux autres lycéens voisins, Rafiki, déguisée en homme, avait trouvé un piroguier prêt à leur faire traverser la rivière qui sépare le sud du Rwanda du Burundi pour rejoindre, après moult difficultés, les membres de la famille élargie réfugiés au Burundi depuis deux décennies. Nous ignorons encore qu'aucun de ses frères et sœurs, ni ses parents, n'ont survécu aux tueries. Les nouvelles apportées par celles et ceux qui ont pu fuir *in extremis* sont atroces, mais on ne peut s'empêcher d'espérer que les nôtres, peut-être, auront pu…

Les tensions sont palpables dans Bujumbura. Le président burundais a péri dans l'attentat de l'avion de son homologue rwandais, une transition est en cours mais le soir on entend souvent des coups de feu dans certains quartiers.

Nous partons par un vol de nuit, le 4 juillet. Je prends l'avion pour la première fois de ma vie. Voyant mon inquiétude, un voisin de siège grisonnant, pourvu d'un léger accent britannique, tente de me rassurer. Nous apprenons qu'il est directeur des programmes de Terre des hommes. Il s'appelle Richard Copeland. À lui, je me souviens précisément que nous avons dit notre profonde gratitude.

C'est la sœur de Christine et son mari, Chantal et Bernard Blondelle, qui viennent nous accueillir à l'aéroport de Paris.

Ils deviendront ma famille d'accueil française, généreuse et attentionnée.

Le préfet Nsabimana, à son retour de la frontière, sera destitué. Ironie du sort, c'est Alphonse Nteziryayo, le colonel que nous avons vu au moment de notre traversée, qui est nommé pour le remplacer et achever le massacre des Tutsi de la région.

Quant à l'équipe de la BBC, elle retourne à Butare avec le préfet, avant de quitter définitivement le pays dès le lendemain.

Voici comment Fergal Keane raconte, dans le livre qu'il publie un an après, leur propre expérience de cette évacuation et de leur départ, qu'il fusionne en un seul moment [1] :

Depuis la route, on dirait le pépiement de petits oiseaux. Ils sont nombreux, de nombreuses petites voix, toutes babillant avec excitation. Sur le parking, des enfants de 2 ans et plus sont regroupés avec des numéros

1. Traduction par nos soins. Fergal Keane, *Season of Blood. A Rwandan Journey*, Penguin Books, 1995.

étiquetés sur leurs vêtements. Leurs vêtements sont clairs et neufs. Plusieurs humanitaires passent de l'un à l'autre en rassurant les enfants qui pleurent. Les gens sont très tendus. Lors d'un récent convoi, les Interahamwe ont capturé plusieurs enfants d'un camion et les ont tués. Après tout, il a été dit aux miliciens de ne pas répéter l'erreur de 1959. Les orphelins tutsi sont une cible de choix.

Nsabimana arrive avec un officier de l'armée et un officier civil. Il y a beaucoup de va-et-vient chez les humanitaires. Nsabimana va à chacun des trois camions et parle aux enfants en kinyarwanda.

David, Glenn et Tony montent dans le camion de tête et Rizu et moi suivons dans la Land Rover. Nous sommes en queue du convoi. Je dis : « Reste près d'eux. Il ne faut pas que nous soyons séparés. » « Je crois que je suis capable de conduire, merci », répond Rizu, agacée. Je m'excuse immédiatement. C'est juste ma nervosité à la pensée de ces trente barrières entre Butare et la frontière. Même avec Nsabimana présent, il n'y a aucune garantie que les miliciens laissent les enfants passer. Avant notre départ, les portes des camions sont partiellement fermées. L'entrebâillement est suffisant pour laisser passer de l'air. À l'intérieur, les enfants continuent à se parler. Je regarde dans le premier camion et dans la pénombre je vois les yeux grands ouverts des enfants qui me fixent. Ils sont silencieux pendant quelques minutes jusqu'à ce que je recule ma tête et le bavardage excité recommence. Les humanitaires montent dans le camion. Il y a un photographe japonais avec eux et il commence à chanter des comptines, encourageant les enfants à se joindre à lui. Avec les voix qui couvrent le grondement des camions, nous nous engageons sur la route et nous dirigeons au sud vers le Burundi.

La limousine de Nsabimana se déplace entre les camions, prenant la tête du convoi chaque fois que nous approchons une barrière. Rizu maintient la voiture pratiquement collée au dernier camion. Nous nous parlons à peine. Le voyage est trop tendu pour converser. Toute notre énergie et notre volonté semblent dévouées à atteindre la frontière sans incident. Je me demande ce que nous ferions s'ils essayaient de saisir quelques enfants. Les miliciens nous tueraient si nous tentions d'intervenir. Mais pourrions-nous rester là et regarder de petits innocents être traînés hors du camion pour être massacrés ? Barrière après barrière. La même routine chaque fois. Nsabimana s'arrête, baisse sa vitre et commence son explication. La vue de l'officier militaire dans sa voiture apaise les Interahamwe. Mais mon cœur s'arrête quand nous atteignons la barrière où le gendarme nous a interrogés quelques jours avant. Les hommes à cette barrière sont plus nombreux et plus armés que sur n'importe quelle autre. La voiture de Nsabimana s'arrête. Les camions grincent en s'arrêtant. Depuis le siège avant de la voiture, je peux voir la tête blonde de Glenn bouger près de la porte du dernier camion. Le photographe japonais est aussi assis là, parlant aux enfants. Un milicien avec une machette s'approche lentement du camion. Il marche vers la porte arrière. Un autre homme portant un bâton se joint à lui. La sueur dégouline de mon front. Rizu tousse et tapote sur le volant. Les miliciens regardent dans le camion, l'un après l'autre. Les secondes s'étirent tortueusement en minutes. D'autres Interahamwe bougent autour du premier et du deuxième camion. Nsabimana est encore en train de parler. Puis sa main apparaît en dehors de sa vitre. Il nous fait signe d'avancer et le convoi repart et se remet en route vers le sud. Le temps que nous atteignions la frontière, Rizu et moi avons dépassé le stade de l'inquiétude. Je crois que nous sommes parvenus à un stade d'acceptation qui nous permet de surmonter la peur et d'exister simplement sans penser.

À la frontière, Patrice[1] *nous attend avec plusieurs autres soldats. Il nous accueille comme de vieux amis puis va aider les humanitaires à faire descendre les enfants des camions. Ceux-ci suivent les instructions des humanitaires sans se plaindre. Certains glissent jusqu'aux buissons pour répondre à l'appel de la nature*

1. Il s'agit du sergent de l'armée rwandaise chargé d'être l'escorte des journalistes dans la zone contrôlée par le gouvernement génocidaire.

puis reviennent en courant jusqu'à leurs groupes assignés. Le préfet est en train de parler aux gardes-frontière, leur montrant son papier, puis s'assoit pour parler quelques minutes. Quand il revient je lui demande pourquoi il a voulu aider les enfants.

« Ils ne devraient pas être tenus pour responsables des problèmes du monde des adultes. J'ai moi-même des enfants. Je n'aimerais pas que ceci leur arrive. Un enfant est innocent. Il n'a rien à dire dans ce qui arrive », dit-il. (Sylvain Nsabimana ignore que peu après son départ pour la frontière, le commandant militaire de Butare a donné l'ordre de le démettre de ses fonctions. Nsabimana a été remplacé par un officier de l'armée.) Alors que nous parlons, la procession d'enfants s'avance vers la frontière. Les plus âgés tiennent la main des plus jeunes. Les humanitaires portent les bébés. Ils s'arrêtent un instant à la barrière, passent en dessous, se redressent pour leurs derniers pas avant de quitter le Rwanda, puis marchent calmement sur la route vers le Burundi. Quelque part derrière eux, les corps de leurs parents gisent dans des fosses communes, des fosses septiques ou des maisons brûlées. Alors que je les regarde entrer au Burundi et monter dans les bus qui les attendaient en file pour les conduire à Bujumbura, je pense à Frank Ndore[1] *et à la façon*

1. Il s'agit de l'officier du Front patriotique rwandais chargé d'escorter l'équipe de la BBC dans la zone contrôlée par les rebelles tutsi.

dont il a fait le même voyage en 1959. J'aimerais tant qu'il soit ici, qu'il puisse accueillir ces exilés et les guider loin du passé !

En ce moment je suppose que Frank est avec les forces du FPR avançant sur les restes de l'armée gouvernementale. Frank et Valence sont quelque part là-bas, de l'autre côté du front. Dans quelques semaines, ils seront à Butare. La ville sera tombée facilement. Le recteur et le vice-recteur et toute l'élite hutu de Butare seront partis avec les soldats et les miliciens. La majorité se dirigera vers le Zaïre, où Mobutu leur a offert un sanctuaire. Certains iront vers la « zone sûre » établie par la France près de la frontière zaïroise. Et quand les Français partiront, ayant retardé une victoire finale des rebelles de quelques mois, les réfugiés hutu se déplaceront à Goma, où le régime génocidaire a installé son quartier général en exil. Sylvain Nsabimana s'enfuira à Nairobi et verra son nom apparaître sur la liste des personnes accusées de complicité dans le génocide. Il est vrai que son mandat de préfet a été marqué par des tueries massives dans la région de Butare. Il clamera son innocence.

Mais pour l'heure, il suffit d'être vivant. Ce départ est comme une bénédiction. Réconfortant. J'ai l'impression de m'échapper d'une prison. Je sais que c'est exactement ce que ressentent les autres.

Glenn et Tony font des blagues et rigolent. Rizu parle du repas que nous allons prendre à Nairobi. Et

David, comme toujours, nous guide. Il note une liste de choses à faire dans son carnet et planifie l'édition du documentaire. Au poste-frontière burundais, nous sirotons des bières chaudes.

Glenn parle du poisson qu'il va attraper une fois rentré en Afrique du Sud. Tony a pour projet de visiter le Japon avec sa femme. Rizu prépare un long métrage au Zimbabwe. Même les douaniers burundais qui nous obligent à décharger tout notre équipement ne peuvent nous enlever la douce sensation de liberté. Le Rwanda est désormais le pays derrière nous. Il n'est plus cette route qui s'allonge devant nous, un cauchemar en marche. Notre voyage de retour a commencé. Il est impossible de dire à quel point c'est bon.

Les journalistes sont partis. Les humanitaires effectueront encore une dernière évacuation, début juillet.

Le moment est enfin venu pour moi de raconter ce que je sais d'eux et de l'organisation de ces improbables convois, au milieu de la catastrophe.

3.

Terre des hommes

« Ce ne sont pas des héros comme on voudrait le dire actuellement.

Ce sont des humains, et la preuve vivante que même dans la pire des situations, il y aura un grain d'humanité qui brûle toujours.

Et c'est pour ce grain que je vais écrire.

Pour qu'il vive chez toi qui liras ce livre. »

SurVivantes
Esther Mujawayo (avec Souâd Belhaddad)

Comment avancent les enquêtes ? Comment retrouver, plus d'un quart de siècle après, des inconnus avec lesquels on a partagé les plus longues heures de sa vie, une journée particulière qui nous a sortis de l'enfer ? Ma recherche n'a rien eu de linéaire, elle a progressé par à-coups. Il y a eu des déceptions et des rebondissements. Elle n'a, à ce jour, toujours pas totalement abouti.

Cette histoire est pleine de trous et de pointillés, comme la mémoire des rescapés. Elle m'a fait traverser des moments de doute absolu, retrouver des chagrins d'enfant que je croyais enfouis, mais elle m'a aussi offert des rencontres inoubliables.

À mon retour de Nice, je commence à chercher sans aucune méthode. Sur internet d'abord, avec la complicité de Yann, mon mari. Je suis agréablement surprise de trouver plusieurs documents d'archives faisant mention des convois de Terre des hommes.

Certaines pièces issues des procès au Tribunal pénal international pour le Rwanda d'Arusha se trouvent sur un site internet, francegenocidetutsi.org, véritable mine d'archives, créé et alimenté depuis de nombreuses années par deux Français, Jacques Morel et Aymeric Givord[1].

C'est là que je lis pour la première fois le nom d'Alexis Briquet, le délégué de Terre des hommes au Rwanda durant le génocide. Je n'ai pas de souvenir précis de cet homme. Durant l'évacuation, j'ai vu plusieurs Blancs autour de nous mais sans connaître leur rôle, encore moins leurs noms. J'avais 15 ans et j'étais terrorisée. Je savais juste que ces gens faisaient partie d'une organisation appelée Terre des hommes et qu'ils étaient là pour nous aider. Pendant les décennies qui ont suivi, quand on me demandait comment nous avions pu fuir le pays en plein génocide, je disais que c'était grâce à cette ONG. J'en parlais comme d'un seul être qui aurait contenu tous les individus dont j'avais oublié les traits.

Depuis, je me suis souvent interrogée sur cette anonymisation que j'avais imposée à nos sauveurs. Ce flou inconsciemment construit. Sans doute était-ce parce que je n'avais pas parlé directement avec eux, parce que personne ne m'avait décliné leurs identités ni expliqué leurs fonctions.

1. Base de données : https://francegenocidetutsi.org.

En discutant avec les quelques enfants des convois que j'ai retrouvés, j'ai compris que ç'avait été également leur cas. Nous n'avions pas passé suffisamment de temps avec les humanitaires suisses ou les deux journalistes italiens qui les accompagnaient pour connaître ou retenir leurs noms. Plus tard, en lisant les comptes rendus de mission et les extraits de la déposition d'Alexis Briquet au Tribunal pénal international, je réaliserai que les humanitaires étaient basés essentiellement au Burundi et ne faisaient que des allers-retours de deux ou trois jours à Butare, ce qui avait réduit également le temps passé avec les enfants.

Après le génocide, j'avais appris les noms d'autres humanitaires sauveurs. Ceux dont les médias avaient parlé. J'avais retenu celui de Philippe Gaillard, le responsable du CICR (Comité international de la Croix-Rouge) qui, avec son équipe de soignants et de logisticiens, avait gardé ouvert un hôpital à Kigali durant les trois mois de tueries. Sans doute avais-je retenu ce nom parce que Gaillard avait alors répondu à des interviews que j'allais retrouver plus tard dans les différents livres ou documentaires sur le sujet. Au mémorial du génocide de Kigali, visité lors de mon premier retour au pays en 2005, j'avais vu le portrait de Carl Wilkens, un Américain travaillant pour l'Église adventiste, qui avait refusé d'être évacué avec les autres expatriés et s'était employé à aider les personnes cachées dans la ville de Kigali en leur livrant de l'eau et des vivres. Le nombre d'étrangers restés ou venus pour secourir les Tutsi, quand tous les autres avaient été évacués, était minuscule, à peine une vingtaine dans tout le pays, essentiellement des humanitaires ou des religieux et religieuses.

À l'exception d'une référence dans l'ouvrage *Aucun témoin ne doit survivre*, publié en 1999 par Alison Desforges pour le compte de Human Rights Watch, les gens de Terre des hommes étaient partis sans laisser de traces. Ou si ténues que je ne les avais jamais remarquées auparavant. Et c'est ainsi que, dans mon esprit, cette organisation avait pris la forme d'une entité quasi abstraite.

Lorsque, à 22 ans, fraîchement diplômée d'un master en coopération internationale et action humanitaire de la Sorbonne, je m'étais mise en quête d'une mission pour aller travailler dans mon pays d'origine, je m'étais spontanément dirigée vers le CICR et Médecins sans Frontières. Je me souvenais de la prise de position de MSF, qui avait dénoncé la collusion de l'État français avec le régime responsable des massacres et qui avait clamé en 1994 : « On n'arrête pas un génocide avec des médecins. » J'étais habitée, de façon peut-être très romantique comme on peut l'être à cet âge-là, par un sentiment de reconnaissance envers ces deux organisations qui ne nous avaient pas abandonnés durant le génocide.

Pourquoi n'avais-je pas songé à proposer mes services à Terre des hommes [1] ? Voilà un mystère que je ne m'explique pas.

À 22 ans donc, j'espérais rentrer travailler au Rwanda. Après avoir essuyé plusieurs refus à mes candidatures, je finis par obtenir une explication d'un employé du CICR, sincère : « Les ONG n'envoient pas de gens dans le pays dont ils sont originaires. On considère qu'ils ne pourront pas faire preuve de neutralité pour des postes à responsabilité, contrairement aux expatriés. » J'allais longuement méditer cet étrange principe.

C'est MSF Suisse qui m'a finalement recrutée pour travailler dans un programme de lutte contre le sida au Cameroun, pays auquel je ne connaissais presque rien, mais où l'on considérait que je serais neutre et impartiale. Cette première mission a duré trois mois, pratiquement le même laps de temps que celui qu'avait passé Alexis dans mon pays en 1994. Je me souviens que dans les rues de Yaoundé où je marchais chaque jour pour aller au travail, les voisins me saluaient en m'appelant « Sans frontière ». Quand on ne reste pas longtemps, et que les bénéficiaires directs sont surtout des enfants et des adolescents, comment s'étonner qu'ils ne se souviennent pas de notre nom ?

1. Pour connaître l'historique et les projets menés par Terre des hommes Lausanne aujourd'hui, voir le site internet de l'organisation : www.tdh.org.

Lorsque j'ai commencé ma recherche sur internet, les premiers fichiers que j'ai retrouvés indiquaient qu'un accord avait été passé entre l'ONG suisse et le ministère des Affaires sociales rwandais, au mois de mai 1994, autorisant l'évacuation de 2 000 enfants vers le Zaïre [1] voisin. Il était signé conjointement par Alexis Briquet et le consul d'Italie au Rwanda, Pierantonio Costa. J'ai également trouvé deux articles de presse publiés à la suite du dernier convoi, début juillet, mais aussi, assez improbable, l'interview du capitaine de l'équipe de basket du Rwanda, qui disait avoir survécu au génocide contre les Tutsi grâce à un convoi de Terre des hommes. Je contactai immédiatement le jeune homme *via* la messagerie d'Instagram, et, comme je l'avais fait auparavant avec Rodrigue, je lui proposai de lui envoyer les quatre photos en ma possession en lui demandant s'il faisait partie du convoi du 18 juin. Dans un premier temps, il se montra intéressé, quoique très occupé, me donna son adresse mail pour le transfert des photos, mais ne réagit jamais à l'envoi de celles-ci. J'étais perplexe. Est-ce que ces photos intéressaient les autres enfants ? J'imaginais qu'il ne me serait pas aisé de les retrouver et m'interrogeais : le jeu en valait-il la chandelle ?

1. Ancien nom de l'actuelle République démocratique du Congo.

En mars 2020, un jeune président très sûr de lui nous annonce à la télévision que nous sommes en guerre. Je me dis qu'il ne sait pas de quoi il parle. Trois mois passent. L'expérience si particulière de la pandémie du Covid a fait bouger des lignes en moi. Les semaines interminables de confinement total que nous avons traversées me décident à enclencher une véritable recherche, au-delà des quelques traces trouvées jusqu'alors en ligne.

Le hasard fait que Bertille Descamps, une amie d'adolescence, une des premières que je me sois faites en arrivant au lycée en 1994, dans le nord de la France, travaille désormais au service des ressources humaines de l'ONG Terre des hommes à Lausanne.

C'est ainsi qu'au début de l'été 2020, je lui demande de me mettre en lien avec l'archiviste de l'organisation.

La première réponse que je reçois de lui me fait immédiatement comprendre que ma demande aura une bien faible chance d'aboutir. Il m'explique d'abord que la Fondation Terre des hommes a donné ses archives historiques aux archives cantonales vaudoises en Suisse. Seules les sources datant de plus de trente ans et qui ne se réfèrent pas à des personnes spécifiques sont en libre accès. Ce n'est alors malheureusement pas le cas des archives sur les opérations au Rwanda pendant le génocide. Il m'écrit aussi que la légitimité de ma requête doit être tempérée par leur devoir de protéger la sphère privée des personnes dont les données sont mentionnées dans les sources. Ainsi, il n'a pas le droit de me transmettre les noms des enfants qui se trouvaient dans le convoi ni ceux des employés de Terre des hommes qui l'ont organisé, sans avoir obtenu leur consentement préalable pour une prise de contact. Or il reconnaît aussi que, dans la mesure où l'ONG ne tient pas à jour les contacts des personnes une fois que l'activité humanitaire est terminée, il ne peut me garantir qu'il pourra retrouver ces personnes pour obtenir leur accord.

Je comprends que la protection des données est prise très au sérieux par l'ONG, ce qui est une bonne chose en soi. Mais comment puis-je avancer dans ce cadre-là, moi qui cherche justement à retrouver des noms et des contacts ?

Mon interlocuteur me propose toutefois d'aller consulter les dossiers relatifs aux opérations rwandaises de 1994 aux archives cantonales vaudoises, et ce, afin de vérifier si des informations sur le convoi qui a passé la frontière le 18 juin 1994 existent et quelles sont celles qu'il peut me transmettre.

Lorsqu'il me recontacte deux semaines après, il ne fait que me confirmer ce que je sais déjà : qu'il y a bien eu un convoi le 18 juin, et que c'est Alexis Briquet qui a organisé quatre convois. Il m'apprend que, d'après les rapports de mission qu'il a consultés, ce sont au total plus de 1 000 enfants qui ont été évacués.

Il me dit enfin qu'il n'a pas trouvé dans les archives de listes des enfants qui faisaient partie des convois, expliquant que celles-ci sont probablement restées au Rwanda pour répondre aux besoins organisationnels et opérationnels pendant la mission et pour être remises ensuite aux acteurs qui ont repris les activités suite au départ du pays, en décembre 1995, de Terre des hommes.

En lisant son message, je pense, un peu amère, que mon enquête n'aura pas été bien loin.

Mais le dernier paragraphe de son courriel me donne un léger espoir. Le documentaliste m'informe en effet qu'une de ses collègues, Ariane Zwahlen, encore en poste à Lausanne, était déléguée de Terre des hommes au Rwanda en 1994. Il me dit que celle-ci a accepté de bon gré de s'entretenir avec moi afin de me fournir un récit de première main sur ces événements.

Nous convenons rapidement d'une visio avec cette femme qui va ainsi m'offrir un résumé de la présence de l'ONG dans le pays, avant, pendant et après le génocide. Parallèlement, j'entreprends des recherches en ligne sur l'histoire de l'organisation.

J'apprends que Terre des hommes a été créée en 1960 par Edmond Kaiser, un Français, juif et ancien résistant qui s'était installé en Suisse au lendemain de la Seconde Guerre mondiale.

C'est durant le conflit pour l'indépendance de l'Algérie qu'il avait organisé le premier convoi d'enfants, avant de monter des interventions auprès d'enfants menacés par les guerres au Viêtnam, au Biafra, au Cambodge, et dans d'autres pays. Personnalité charismatique, Kaiser était souvent présent dans les médias suisses et se faisait remarquer par les nombreux télex virulents qu'il envoyait aux chefs d'État du monde pour dénoncer les violations des droits humains. En 1994, cela faisait quinze ans qu'il avait quitté Terre des hommes pour fonder une autre ONG, Sentinelles[1], qui allait d'ailleurs accueillir des enfants rwandais blessés pour les faire soigner, comme le relate Révérien Rurangwa dans son témoignage *Génocidé*[2], ainsi que des enfants orphelins à adopter.

---

1. L'historique et les projets menés par la Fondation Sentinelles sont présentés sur le site www.sentinelles.org.

2. Révérien Rurangwa, *Génocidé*, Presses de la Renaissance, 2006.

J'ai retrouvé sur le site de la RTS (Radio Télévision suisse) une archive intéressante, datant du 19 juin 1994 ; il s'agit d'une édition spéciale destinée à lever des fonds pour Sentinelles. La soirée mélangeait un direct depuis une salle où des téléphonistes recevaient les appels des donateurs, des vedettes comme Marc Lavoine venues chanter sur le plateau, des témoignages de bénévoles de Sentinelles et une interview-fleuve d'Edmond Kaiser qui appelait ses compatriotes à adopter des enfants rwandais. Il avait d'ailleurs invité le directeur de l'Office fédéral des étrangers, qui s'engageait à soutenir les démarches légales pour ces adoptions. Fait étrange, Kaiser avait par ailleurs tenu à préciser que la générosité des téléspectateurs suisses de ce soir-là irait uniquement à sa nouvelle organisation et non à Terre des hommes dont il s'était désolidarisé. Ainsi, alors que la veille Terre des hommes avait organisé la grande opération qui nous avait sauvés, il n'en était fait nulle mention durant le programme. Le visionnage de l'émission m'a mise mal à l'aise, car je ne peux m'empêcher, au-delà de l'élan de générosité des gens et de la force de persuasion du vieil humanitaire, d'y voir la façon dont la charité envers une certaine Afrique était mise en scène sur les écrans des télévisions occidentales de l'époque.

Contrairement à Sentinelles qui ne développait pas alors d'actions directes dans le pays, Terre des hommes menait des projets au Rwanda depuis 1991, à destination d'enfants et de jeunes précaires, comme par exemple des cantines pour des orphelins du sida à Kigali ou un appui aux mères en prison.

Quand j'interviewe Ariane Zwahlen au cours de l'été 2020, elle me raconte qu'elle s'était installée dans le pays près de deux ans avant le génocide. Elle était la seule expatriée et coordonnait une équipe d'une vingtaine de salariés locaux.

Ariane semble ne pas avoir vu le génocide arriver. Elle évoque la beauté des paysages, la douceur des gens : « Ce qui s'est passé, c'est comme si l'enfer était subitement descendu au paradis. »

Elle reconnaît cependant qu'elle savait qu'il y avait des risques de massacres : « Il y avait des tensions, des grenades qui éclataient, il y avait la radio des Mille Collines [1], on savait qu'il y avait des stocks d'armes, mais en même temps la communauté internationale semblait être mobilisée. On ne pouvait pas imaginer que ça allait prendre cette ampleur. »

Elle me raconte comment elle a vécu les premiers jours du génocide. En raison de sa bonne connaissance de la ville, elle a accompagné les délégués d'une autre organisation qui pouvaient encore circuler à travers Kigali le 9 avril, afin de chercher un endroit où établir un hôpital de campagne. Il y avait déjà des barrières partout, gardées par des miliciens et des militaires aux yeux injectés de sang, et des cadavres jonchaient les rues. Elle a été évacuée le lendemain.

Une fois rentrée en Suisse, Ariane a participé depuis le siège de Lausanne à la mise en place et au suivi d'une mission d'urgence, menée parallèlement dans la zone contrôlée par le FPR par un médecin, Carlos Royo, et en zone gouvernementale par Alexis Briquet. Lorsqu'elle m'apprend que ce dernier est encore vivant, je m'aperçois que je l'avais imaginé plus vieux, déjà parti.

Elle propose de nous mettre en lien.

J'accepte avec effusion.

1. Radio Télévision libre des Mille Collines : première radio privée, créée en 1993, la RTLM (plus tard surnommée « Radio Machette ») a été l'un des outils principaux de propagande de la haine anti-Tutsi par les dignitaires du « Hutu Power » (l'idéologie extrémiste hutu).

J'écris à Alexis le 18 juin 2020. Il me répond dès le lendemain, un bref courriel dans lequel il me donne son numéro de téléphone en France, pays où il passe une partie de sa retraite. Je ne parviens pas à détacher mes yeux de l'écran où je lis, émue : *Je me souviens très bien d'une mère et de sa fille qui ont pu être évacuées, dissimulées parmi les enfants du convoi. Seriez-vous cette fille devenue « grande » ?*

Un premier coup de fil le soir même. Il a une voix grave, mais douce, avec un léger accent suisse. Je commence par le remercier. Vingt-six ans après les faits.

Lorsque Ariane m'a appris qu'il vivait en France, dans le même pays que moi, je suis restée quelques heures sidérée, prenant conscience de mon immense retard. Comment se faisait-il que je n'aie pas pensé à retrouver les gens qui nous avaient sauvées, moi qui attachais pourtant une telle importance à la nécessité de remercier, qui cherchais souvent les moyens d'exprimer ma gratitude à celles et ceux qui, depuis des décennies, m'avaient soutenue ?

Pourquoi ?

Même si pour moi jusqu'alors Terre des hommes avait été une entité globale et floue, même si je n'avais pas le souvenir d'un nom individuel, d'un visage précis, n'aurais-je pas dû ? Est-ce parce que je m'étais dit « ils ont fait leur travail, c'était normal » ? Je ne me souviens pas avoir pensé cela. Je n'avais tout simplement plus pensé à eux depuis, trop occupée à me refaire une vie. Et ce n'est qu'en parlant à Ariane que j'ai pris conscience qu'en réalité, ils n'avaient été qu'une poignée, résolus à accomplir cette chose incroyable : faire sortir d'un pays devenu mouroir plus de mille enfants. Bien plus qu'un « simple travail » d'humanitaires, ce fut un immense sauvetage.

Ce soir-là au téléphone, je remercie donc Alexis Briquet, la gorge nouée, tout en m'excusant de ne pas l'avoir fait plus tôt. Puis très vite je lui explique mon cheminement, les quatre photos, la liste d'enfants que je cherche pour leur montrer ces images, leur raconter, à eux qui étaient plus petits, ce qui s'est réellement passé ce jour-là.

Parce que j'ai en mémoire le traumatisme que portait Fergal Keane lorsque je l'ai rencontré à Londres en 2009, je remercie l'humanitaire d'avoir accepté de me parler, de retourner à ces souvenirs-là qui sont peut-être douloureux. Il me dit tout de go : « Oh vous savez, ça me poursuit, sous différentes formes, depuis longtemps… » Avant d'ajouter : « Mais ça me fait plaisir d'avoir de vos nouvelles. »

Je comprends sans qu'il ait besoin d'en dire plus. J'ai énormément de questions à lui poser sur l'organisation concrète des convois – comment, mais comment a-t-il bien pu faire tout cela ? Il me propose de les lui envoyer par mail, et me dit, avec déjà un soupçon de fatigue dans la voix, qu'il tentera d'y répondre « même si tout ça, c'est loin ». Il répète « ça me poursuit de différentes manières, ça me poursuit encore mais je n'ai pas de réponses à tout ».

Il ajoute qu'on lui a souvent demandé d'écrire son histoire, qu'il a commencé mais n'a pas fini.

Il donne l'impression de considérer le passé qui resurgit à travers moi avec lucidité, ses mots semblent ébréchés quand il reconnaît qu'il a risqué sa peau alors… Il y a un silence dans le combiné, puis il conclut : « Mais ça valait la peine ! Je n'ai pas une seconde regretté. Maintenant le refaire, faudrait être fou, peut-être que je l'étais. Mais ça valait la peine ! »

Il me parle du couple de journalistes italiens qui étaient à ses côtés le 18 juin, puis me demande si je me souviens d'une grande blonde. À ce moment-là, il ne me dit pas son nom. C'est Deanna Cavadini, sa compagne et collègue, qui était déléguée de Terre des hommes Italie et l'avait rejoint en juin, en même temps que les journalistes.

C'est au cours de ce premier entretien téléphonique, qui dure près d'une heure, qu'Alexis Briquet me raconte par bribes son arrivée au Rwanda en avril : « En débarquant, je ne savais pas ce qu'on pouvait faire, je ne savais rien du tout, il fallait tout capter, et ensuite organiser. » L'idée des convois lui est venue au bout de deux ou trois semaines à faire des allers-retours entre le Burundi et la zone du Rwanda contrôlée par le gouvernement génocidaire. « Je me suis dit, "s'il y a une action à faire, la seule chose, c'est de faire sortir les gens de ce bordel". »

Il évoque l'appui reçu du délégué du CICR, Philippe Gaillard, pour organiser le premier convoi, début juin, me dit qu'il n'est pas surpris que je n'aie pu avoir accès à la liste des enfants auprès de Terre des hommes, et me recommande de la chercher plutôt du côté des archives du CICR.

Nous convenons de nous reparler bientôt, lorsqu'il aura reçu mes questions. Il me répète qu'il se souvient bien de moi cachée dans le camion – « vous étiez la seule avec la peau claire » – et dit se rappeler que j'étais souriante alors. Il s'enquiert délicatement de ma mère : « Est-elle toujours en vie » ? Oui, mais si fragile.

Moi, je ne lui pose alors pas la moindre question sur sa santé.

Dès le lendemain, j'envoie à Alexis un courriel avec une série de questions sur la façon dont il a organisé et mené à bien les convois.

Il me répond que toutes les questions que je pose l'entraînent dans un grand périple, qu'il lui faudra de nombreuses pages pour y répondre. Il me propose de prévoir des entretiens téléphoniques durant lesquels je pourrai l'enregistrer, en attendant de nous rencontrer en chair et en os. Je lui fais aussi parvenir mes livres par la poste. Il les lit et me dira, lors de notre deuxième entretien, l'avoir fait avec grand intérêt et les avoir appréciés.

Le 2 septembre, alors que j'attends de ses nouvelles, la proposition d'un rendez-vous téléphonique, il m'envoie un bref message :

« Je suis sous antidouleurs depuis une semaine, un mal de dos qui par moments m'a coupé le souffle. Je n'y suis pas habitué. Mais voilà, c'est la raison pour laquelle je ne vous ai pas fait signe. Je vous appelle dès amélioration significative. »

Je lui souhaite bon courage et surtout un prompt rétablissement, le genre de choses que l'on dit quand on ne sait rien de la maladie dont l'autre souffre.

Il semble reprendre un peu de forces quelques jours plus tard, se donne la peine de faire le lien avec Mauro, le photographe italien dont il m'a dit qu'il avait fait beaucoup de belles photos de notre convoi.

Début octobre nous nous parlons brièvement au téléphone : je prends alors des nouvelles de sa santé et, encourageant, il s'enquiert de mes avancées. Je lui dis que le CICR a apporté une fin de non-recevoir à ma demande d'accès aux listes d'enfants pris en charge après leur évacuation par Terre des hommes. Pour y avoir accès, il faudrait que mon nom y figure. Or je n'étais pas officiellement dans le convoi, mon nom n'a été inscrit nulle part. Nous envisageons de nouveau la possibilité de ces entretiens où je pourrai recueillir ses souvenirs de 1994.

Mais de nouveau, le silence.

Le dernier samedi d'octobre, vers 8 heures du matin, il me téléphone.

« Je suis au service d'oncologie de l'hôpital de Montpellier. Je vais devoir passer un temps ici, pour me soigner. Je ne voulais pas que vous vous imaginiez que je m'étais dérobé à nos entretiens. Mais je dois me soigner et on se parlera après. »

C'est étrange de s'inquiéter ainsi pour une personne qu'on connaît si peu. Et pourtant, je me mets à guetter mon téléphone, le cœur en suspens.

Un soir de novembre je reçois un appel de Deanna Cavadini, sa compagne.

Alexis lui a demandé de me contacter. Le cancer est fulgurant. Il n'en a plus que pour quelques semaines. Elle me dit qu'il est parfois encore conscient, que je peux lui écrire. C'est la première fois qu'elle et moi nous parlons et c'est dans ces circonstances-là.

Après avoir raccroché, je décide sans trop réfléchir de prévenir les autres enfants, la poignée dont j'ai le contact, qui pour la plupart sont partis avec le dernier convoi : Annick et Claire, bien sûr, mais aussi Rodrigue, le jeune homme rencontré à Nice, et puis je me souviens d'avoir lu dans le témoignage d'un ami rescapé expatrié au Québec, qu'il avait retrouvé une de ses cousines au Burundi après son évacuation de Butare par une ONG. Je lui écris, et il me donne le contact de cette cousine, Angélique, qui vit désormais au Texas. Je récris à Aristide aussi, le capitaine de l'équipe de basket rwandaise, sait-on jamais, peut-être, cette fois-ci, me répondra-t-il.

Je leur dis que l'homme qui a contribué à nous sauver en 1994 est en train de mourir, et que sans vouloir obliger quiconque, s'ils veulent lui envoyer un message pour lui raconter qu'ils et elles sont désormais des hommes et des femmes debout, et que c'est en partie grâce à son action, je peux lui transmettre ces messages, afin qu'il parte le cœur lesté de nos histoires de vie retrouvées.

Annick « Zouzou » Kayitesi-Jozan (convoi du 3 juillet 1994)

La première à me répondre est mon amie Annick, surnommée Zouzou depuis l'enfance. Elle vit alors en Ouzbékistan avec son mari français et ses deux enfants. Elle a été l'une des premières survivantes du génocide à écrire son témoignage. Dans son récit intitulé *Nous existons encore*[1], publié dix ans après le génocide, elle a raconté comment sa mère, son petit frère Aimé et ses deux cousines ont été tués à Butare le 30 avril.

Leur père et leur petite sœur étaient déjà morts tragiquement en 1988 dans un incendie en Belgique. Sa sœur Aline, qui avait été laissée pour

1. Michel Lafon, 2004.

morte dans la fosse commune où reposaient les autres, a survécu et est parvenue, terriblement blessée à la tête, à rejoindre Annick. Leur maman travaillait à l'école sociale de Butare, celle-là même où, quelques semaines plus tard, viendrait s'installer le centre de Terre des hommes. Le jour du massacre des siens, Annick avait été gardée vivante par le collègue de sa mère qui les avait dénoncés, afin qu'elle serve de bonne à sa propre famille. Dans son bouleversant second texte, *Même Dieu ne veut pas s'en mêler*[1], publié en 2017, Zouzou a raconté comment avec Aline, dont les plaies, infectées, étaient pleines de vers, elles avaient pu quitter la cuisine de cet homme ignoble pour rejoindre le dernier convoi organisé par l'ONG début juillet :

« À l'école – mais nous disons maintenant l'orphelinat –, il règne un grand silence. Nous attendons. Un matin, une colonne d'autobus entre dans l'enclos. Pour certains, nous croyons notre dernière heure arrivée, mais la rumeur dit que nous allons être évacués vers Bujumbura, la capitale du Burundi. Nous n'avons pas de bagages, en quelques minutes l'école se vide. Personne n'a hésité à monter. Les katioucha[2] sifflent au-dessus de nos têtes. Très tôt

1. Seuil, 2017.

2. « Katioucha » est le surnom donné par les Soviétiques à un lance-roquettes multiple de la Seconde Guerre mondiale. Par extension, c'est devenu, du moins au Rwanda, le surnom donné aux roquettes elles-mêmes.

ce matin, l'une d'elles est tombée tout près. Dans le bus, nous nous accroupissons quand le sifflement approche. Les Tutsi du Front patriotique rwandais (FPR) sont aux portes de la ville. Ils mettent fin à l'hécatombe. »

Quelques semaines plus tard, les deux adolescentes sont arrivées en France. Aline a été soignée, mais gardera des séquelles à vie, et les sœurs ont dû apprivoiser vaillamment leur nouvelle vie de survivantes et d'orphelines. Zouzou a fait de brillantes études de sciences politiques avant de devenir, plus tard, psychologue clinicienne. Son parcours très riche, son immense courage font d'elle un témoin précieux qui sait mettre habilement en résonance le passé et le présent, pour penser la transmission à nos enfants et au reste du monde.

Lorsque je la contacte en novembre 2020, elle envoie un message d'une grande justesse pour Alexis et Deanna, un courriel qui se termine par ces mots :

« Aujourd'hui, un peu plus d'un quart de siècle plus tard, la douleur qui nous a été infligée m'oblige encore et toujours à inventer chaque jour qui vient. Je suis heureuse de pouvoir mettre un nom sur les personnes qui nous ont sauvées ma sœur et moi parmi d'autres. Merci de ne pas avoir ignoré les enfants. »

Manzi Cédric Ndagijimana / Rugirangoga (convoi du 5 ou 6 juin 1994)

Certains de ceux qui reçoivent mon appel pour Alexis en cette fin novembre 2020 envoient des messages audios. C'est le cas d'un jeune homme de Lyon, à qui Rodrigue a fait suivre mon courriel. Il avait 18 mois en 1994, tout ce qu'il sait de sa survie lui a été raconté par son frère et ses cousins plus âgés que lui. Comme Angélique, il faisait partie du convoi de début juin.

Au printemps 1994, Manzi vivait avec sa mère, son grand frère et sa grande sœur à Butare, où la maman faisait des études de nutritionniste à l'Université nationale du Rwanda. Une cousine les avait rejoints pour les vacances de Pâques. Le père, lui, étudiait en France. La tante maternelle était mariée avec le directeur général de la Croix-Rouge belge de Kigali, qui gérait entre autres l'orphelinat de Kacyiru. L'oncle et la tante, avec deux de leurs trois enfants, et deux nièces venues passer les vacances chez eux, avaient réussi à fuir la capitale le 13 avril avec les pensionnaires et les employés de l'orphelinat pour Butare où ils s'étaient installés dans les locaux du Groupe scolaire. C'est là que Manzi et les siens les avaient rejoints le 20 avril, lorsque les tueries avaient commencé dans la ville.

Mais le 29 avril les miliciens avaient envahi les lieux, visiblement avec la complicité de certains employés de la Croix-Rouge, et ils avaient tué l'oncle, la tante, la maman de Manzi – alors qu'elle le portait au dos ! – ainsi qu'une quarantaine d'autres personnes, dont des enfants. La fratrie de Manzi et ses cousins avaient survécu, gardés par les quelques adultes réfugiés comme eux dans une école où leur vie était constamment menacée, d'autant que l'armée hutu avait décidé d'y loger les soldats blessés de Kigali, avec leurs familles. Après leur évacuation au Burundi par Terre des hommes, le père de Manzi, rentré précipitamment de France, était venu les chercher. Manzi est devenu éducateur spécialisé, et je découvre en parlant avec lui ensuite qu'il partage ma passion pour la littérature. Il a publié en 2020 son premier roman, *La Légende de Havilah*[1], une histoire afro-futuriste inspirée de mythologies rwandaises.

Dans son enregistrement pour Alexis, Manzi dit : « Je voulais unir ma voix à celle des autres pour vous faire parvenir ces quelques mots, en espérant qu'ils vous accompagneront jusqu'au bout. Vous n'avez pas fait ça en vain, nous sommes bien vivants, pour la plupart bien portants et pleins d'espoir. »

Les premiers jours de décembre, je fais suivre les quelques messages qui m'arrivent, en espérant qu'Alexis aura encore des instants de veille lucide pour les entendre.

1. Publié sous son nom de plume Manzi Rugirangoga, aux Éditions Elimu.

Il meurt le 13 décembre 2020, âgé de 71 ans. Je m'aperçois alors que j'ai pratiquement l'âge qu'il avait en 1994.

L'été suivant, je vais rencontrer Deanna dans le sud de la France où elle passe les vacances avec son fils et ses petits-fils. C'est une belle femme à la longue chevelure blonde. Elle a le teint hâlé et un regard doux, empli de bonté. Elle ne se remet pas de la mort brutale de son compagnon. Elle regrette que nous nous soyons connus si tard, elle pense que si Alexis avait pu recevoir nos messages plus tôt, ça l'aurait aidé à tenir, qu'il serait parti moins vite.

Un temps je m'en suis voulu de ne pas avoir enclenché avant 2020 tout ce cheminement qui m'a menée à eux. Mais on ne peut récrire le passé.

Cependant il n'est pas trop tard pour conserver la mémoire de l'action d'Alexis en 1994, pour la faire connaître et, ce faisant, remercier de son vivant cette femme qui a aussi contribué à notre sauvetage.

Je reprends mes recherches, fouille longuement le site du Mécanisme résiduel du Tribunal pénal international pour le Rwanda[1], demande à Deanna

1. Le Mécanisme est un organisme chargé de préserver l'héritage des deux tribunaux pénaux internationaux, celui du Rwanda qui a fermé ses portes en 2015, et celui pour l'ex-Yougoslavie qui a clôturé ses travaux en 2017.

si elle peut me confier les copies des documents qu'elle a encore de cette époque, et je recontacte le photographe italien qui les accompagnait.

Et au fil des mois, je parviens à reconstituer les faits.

Je mets mon projet de départ – remettre les photos aux enfants du convoi du 18 juin – entre parenthèses. Il est de toutes les façons au point mort : je n'ai pu obtenir la liste des enfants ni auprès de Terre des hommes, ni en frappant à la porte du CICR. D'ailleurs cette liste existe-t-elle encore quelque part ?

Je commence aussi à penser que si j'écris l'histoire des convois, et que le livre est diffusé au Rwanda ainsi qu'auprès de la diaspora rwandaise dans le monde, d'autres enfants se reconnaîtront dans mon récit et peut-être me contacteront-ils.

Il me faut raconter les faits, élucider par moi-même les questions auxquelles Alexis n'a pas eu le temps de répondre : que s'est-il passé ? Comment a-t-il pu ainsi faire sortir du pays ces centaines d'enfants ? Qui l'a aidé et pourquoi ? Qui était ce Costa, qui avait cosigné avec lui le protocole d'accord obtenu auprès du gouvernement génocidaire ? Et qui étaient ces enfants, non pas leurs noms mais leurs histoires personnelles ? Des orphelins hutu et tutsi d'avant le génocide, comme ceux du Groupe scolaire, auxquels s'étaient ajoutés ceux qui venaient de voir leurs parents tutsi tués en avril ? Et les adultes comme ma mère, comment ont-ils pu se retrouver dans les convois ?

En avril 1994, Alexis, délégué de Terre des hommes depuis plus de quinze ans, est responsable des urgences dans l'organisation suisse. C'est un Genevois, né dans une famille de la bourgeoisie francophone, qui a été recruté dans l'ONG par son fondateur Edmond Kaiser. Il y a rencontré sa compagne, Deanna, suisso-italienne, avec laquelle il allait parcourir le monde pour mener des projets en faveur des enfants en danger.

Il est déjà venu au Rwanda, peu de temps auparavant, au retour d'une mission au Burundi voisin où l'ONG menait également des projets.

J'ignore la date exacte mais je crois qu'il arrive au Rwanda vers le 20 avril, en passant par le Burundi.

Il semble que c'est un Italien, ancien de Terre des hommes, qui le met en relation avec Pierantonio Costa, un homme d'affaires installé au Rwanda depuis de nombreuses années et qui occupe également la fonction de consul honoraire d'Italie. Costa a été évacué au Burundi avec sa famille au début du génocide, comme les autres expatriés, mais continue tant bien que mal à faire des allers-retours au Rwanda. Il va pendant deux mois porter secours à un nombre important de personnes, soit en leur fournissant argent et vivres, soit en participant à des opérations de sauvetage comme celle du premier convoi de Terre des hommes.

Le courant passe immédiatement bien entre les deux hommes. Alexis parle couramment l'italien, il arrive avec des moyens concrets, de l'argent et une liberté d'action totale, sans les lourds process de sécurité des grands organismes humanitaires ; Costa quant à lui a une bonne connaissance du pays, et des connexions avec plusieurs dignitaires rwandais. Ils vont travailler de concert pendant un mois et demi, rentrant régulièrement à Bujumbura avant de repartir au Rwanda, pour tenter ce qui peut l'être.

À l'origine, l'objectif d'Alexis est d'organiser des centres pour mettre en sécurité (notamment en leur apportant médicaments et nourriture) les enfants isolés (orphelins, enfants abandonnés, non accompagnés…) et ensuite, dès que possible, de leur faire passer la frontière.

Lors d'un de ses voyages à Kigali, Costa entre en contact avec l'ancien secrétaire de l'Union des industriels rwandais, qu'il connaît bien et qui fait désormais partie du gouvernement intérimaire. C'est cet homme qui leur permet de commencer à négocier la signature d'un protocole d'accord entre l'ONG et les autorités qui, entre-temps et en raison des combats entre armée gouvernementale et rebelles du FPR, se sont repliées vers le sud, à Gitarama. Leur présence dans cette ville, située à environ cent kilomètres au nord de Butare, facilite les démarches des deux hommes, car les membres du gouvernement y sont plus accessibles.

Le 27 mai 1994, Alexis et Costa adressent la lettre suivante au gouvernement génocidaire, afin de tenter de gagner son assentiment pour lancer la grande opération d'évacuation :

> *M. le Président,*
> *M. le Premier ministre,*
>
> *Nous avons l'honneur de soumettre à votre approbation un projet d'assistance aux enfants seuls, projet préalablement discuté avec les membres de votre Gouvernement dont Monsieur le ministre de la Défense et Monsieur des Affaires sociales [les mots manquants ici disent la hâte dans laquelle le courrier a sans doute été écrit – NDLA] qui l'a également évoqué avec Monsieur le Premier ministre.*
>
> *La réception positive que nous avons trouvée auprès de votre Gouvernement nous a encouragés à poursuivre dans l'élaboration de ce projet dont le principe est le suivant : l'évacuation vers le Zaïre de 2 000 enfants pris actuellement en charge dans des orphelinats, accueil et assistance pour autant d'enfants actuellement seuls au sein de ces mêmes orphelinats.*

Nous avons à l'heure actuelle, un accord de principe de la part des autorités zaïroises, de la part du Haut-Commissariat aux Réfugiés présent au Zaïre ainsi que de la Fédération internationale de la Croix-Rouge prête à s'engager au niveau de l'accueil et de la prise en charge au Zaïre.

Terre des hommes, organisation non gouvernementale suisse, avec les conseils et l'appui de M. Costa, consul d'Italie, est prête à s'engager au niveau de l'Assistance aux enfants seuls sur le territoire rwandais.

Le projet d'évacuation repose prioritairement sur une ligne aérienne entre Butare et Bukavu où ont été identifiés les sites d'accueil pour les enfants par un responsable de la Fédération internationale de la Croix-Rouge. Le transport des enfants à évacuer ne pourrait se faire que par la route jusqu'à Butare et sous la bienveillante protection de vos forces de l'ordre.

Nous sommes certains que vous êtes sensibles à la situation et au devenir de ces enfants qui, en ces heures tragiques dans l'histoire de votre pays, se chiffrent par milliers. Ce projet d'assistance veut aussi sensibiliser l'attention internationale sur ce problème en vue d'un avenir que l'on espère prochain et constructif.

Désireux de nous investir pleinement et rapidement dans ce projet, avec votre approbation et votre soutien, nous vous assurons, Monsieur le Président, Monsieur le Premier ministre, de nos sentiments respectueux et sincères.

Un document de trois pages et demie est joint à cette lettre, présentant le projet plus en détail. Y sont mentionnés les centres opérationnels déjà identifiés comme accueillant des enfants susceptibles d'être aidés et évacués : le centre de Gatagara (centre pour enfants handicapés géré par les Frères de la Charité), le Groupe scolaire de Butare, et l'orphelinat de Nyanza.

Si la lettre parle d'évacuation par voie aérienne uniquement, le projet, lui, envisage aussi un couloir d'évacuation par voie terrestre. Alexis a-t-il alors conscience que la piste d'atterrissage de l'aérodrome de Butare n'est pas assez grande pour recevoir les avions nécessaires au transport de milliers d'enfants ?

Je relis ces documents aujourd'hui, à l'aune de ce que j'ai pu apprendre depuis, et mesure le travail d'équilibriste que ces deux hommes devaient accomplir au quotidien pour amadouer ceux-là mêmes qui étaient en train de mener le pays au pire. Cette nécessaire collaboration.

Alexis et Costa parviennent rapidement à signer, dès le 28 mai, un protocole d'accord entre Terre des hommes et le gouvernement rwandais, représenté par le ministre du Travail et des Affaires sociales, concernant le « Projet d'assistance aux enfants seuls ».

Le protocole stipule : « Le Gouvernement Rwandais marque son accord à la proposition présentée par la Fondation Terre des hommes, selon le Projet annexé, et demande que les conditions suivantes soient rigoureusement appliquées. » S'ensuivent une série de six principes. Le premier stipule que « tous les orphelins » seront pris en charge « sans aucune distinction ethnique, raciale ou religieuse », précision pour laquelle les deux Occidentaux ont dû batailler. Il signifie implicitement en effet que des enfants tutsi pourraient être autorisés à intégrer le programme.

Lors de sa déposition devant le Tribunal pénal international en 2006, Alexis a affirmé qu'au-delà de sa nécessité à l'égard des autorités rwandaises, ce protocole d'accord lui était alors indispensable pour obtenir que d'autres organisations internationales s'engagent à soutenir son projet d'évacuation : le Comité international de la Croix-Rouge (CICR), et éventuellement les Nations unies.

Alexis et Costa mèneront plusieurs actions de sauvetage avant de lancer les convois, notamment à la demande de Suisses ayant de la famille menacée au Rwanda ou pour évacuer des personnes travaillant pour des organisations internationales.

Alexis a ainsi été contacté juste avant son départ pour le Rwanda par un couple suisse en cours d'adoption d'une petite orpheline rwandaise âgée de 2 ans. Ces gens, ayant entendu à la radio que l'ONG allait envoyer un de ses représentants sur place, lui ont demandé s'il pouvait évacuer le bébé.

À son arrivée au Rwanda, Alexis est parvenu à faire passer le message jusqu'à la colline rurale, près de

Butare, où le bébé à adopter vit avec sa fratrie chez leur grand-père. C'est la sœur aînée, adolescente, qui l'amène jusqu'à la ville où l'humanitaire la récupère et la conduit au Burundi. On peut déduire de la facilité que la grande sœur a eue à passer les barrières, notamment aux abords de leur village, que leurs parents devaient être hutu et qu'elles ne se sont pas trouvées menacées par les génocidaires. Une fois le bébé parti, sa grande sœur rejoindra les autres enfants du centre géré alors par Terre des hommes à l'école sociale de Butare. Après l'évacuation de juillet, elle se trouvera avec ceux qui seront envoyés dans le camp de Benako au Zaïre, où elle restera deux ans, jusqu'à ce que le grand-père adoptif de sa sœur l'y retrouve puis la fasse venir en Suisse, ainsi que le reste de la fratrie. La famille adoptive, très reconnaissante, est restée en contact avec Alexis, et la jeune femme autrefois adoptée a même donné le prénom de l'humanitaire à son premier fils.

Un autre sauvetage remarquable réalisé par Costa et Alexis[1] est celui de la famille d'un certain Sunnier, à Butare. Ce Suisse a accueilli de nombreux membres de la famille de sa compagne tutsi dès les premiers jours du génocide. Les deux sauveurs ne peuvent faire passer la frontière qu'au couple et à leurs

1. La plupart des actions relatées ici proviennent du récit de Costa, publié en italien en 2004, *La lista del Console*, dont Deanna a eu la gentillesse de me traduire des extraits vers le français.

enfants, seuls à avoir un passeport suisse, alors ils s'occupent des autres enfants – dont Claire et ses quatre sœurs –, en attendant de les évacuer plus tard.

Costa et Alexis mènent également une action de soutien notable auprès de l'orphelinat de Nyanza, à une quarantaine de kilomètres au nord de Butare.

Quand les tueries ont commencé dans le secteur, les pensionnaires habituels de cet orphelinat géré par des prêtres italiens ont été rejoints par de nombreux enfants dont la famille venait d'être tuée et qui cherchaient asile chez les religieux.

Lors de leur première visite des lieux, les deux hommes trouvent une situation désespérée : les réserves de nourriture ne vont pas tarder à se tarir, et les tueurs menacent chaque jour à l'extérieur des murs.

Plusieurs scénarios d'évacuation sont envisagés, notamment par voie aérienne, mais aucun n'est réalisable.

A minima, les deux hommes parviennent à livrer une radio à l'orphelinat afin de permettre aux prêtres italiens d'entrer en communication avec leurs confrères d'une communauté située dans la province de Padoue. Comme il n'y a plus de courant électrique, ils doivent brancher la radio sur la batterie de leur véhicule.

On devine *a posteriori* tout le tragique de la situation : le consul, l'humanitaire et les religieux passent de longues minutes à tenter plusieurs fréquences en répétant : « Monselice répondez, ici Nyanza, Monselice répondez ! » Les enfants sont agglutinés autour d'eux, dans le noir, le cœur en suspens.

Et puis ça se met à grésiller. En entendant la voix qui arrive d'Italie, il y a un cri de joie incontrôlable. Ils s'embrassent, certains pleurent. Nyanza n'est plus isolé. Ils sont en lien avec ce petit village près de Padoue, à mille lieues de leur réalité, mais leurs voix en sursis peuvent y être entendues.

À ce moment, quelque chose d'infime et de concret à la fois, une voix dans la nuit, leur fait imaginer que l'évacuation reste envisageable.

Un temps ils y croient, puis de nouveau l'espoir s'en va.

Leur quotidien est celui de la mort. Il y a, aux côtés des missionnaires, un médecin, italien lui aussi, qui tente tant bien que mal de soigner ceux qui trouvent refuge à l'orphelinat, blessés par les machettes des miliciens. Costa le décrit hurlant de désespoir parce qu'il a perdu un enfant par manque de matériel de base : « On ne peut pas perdre un enfant pour un tuyau qui coûte 50 centimes ! »

L'enfant avait été amené là par son frère de 10 ans à peine, après le massacre de leurs parents. Les tueurs avaient cassé le cou au petit, au niveau des cervicales, il n'était pas mort mais il était complètement dénutri et déshydraté. Il est mort à Nyanza faute d'une petite sonde en plastique qui aurait permis de le mettre sous perfusion.

Après le génocide, le médecin italien adoptera trois des enfants de l'orphelinat et demandera à Alexis de devenir leur parrain.

Vers la fin du mois de mai, les combats entre les troupes gouvernementales et l'armée patriotique rwandaise se rapprochent de Nyanza. Un jour qu'Alexis et Costa tentent d'aller porter quelques vivres à l'orphelinat, ils croisent une foule de réfugiés hutu qui quittent la bourgade par familles entières. Un colonel de l'armée gouvernementale que connaît Costa les a prévenus : dans quelques heures la route sera probablement coupée. Les deux hommes se disent alors que c'est peut-être le moment d'évacuer les enfants, que dans la cohue, personne ne se préoccupera de tuer ceux d'entre eux qui pourraient être considérés comme tutsi.

Lorsqu'ils parviennent enfin à atteindre l'orphelinat, ils trouvent un silence de mort. Les enfants ne jouent plus : écoutant les bruits des combats aux mortiers très proches, ils sont tous assis en silence, immobiles.

Dans un coin, le père Georges est sur une chaise, entouré de cinq enfants qui viennent d'arriver. Le missionnaire les interroge délicatement afin de connaître leur histoire, leur identité, leur âge. Malgré la guerre à leur porte, il s'applique à remplir une fiche de renseignements qui, si le ciel leur prête vie, pourra lui permettre de retrouver les proches survivants de ces petits, pour éviter de rompre à jamais le lien avec leurs origines, leur famille élargie.

Costa et Alexis passent toute la journée à chercher des véhicules pouvant contenir tous les enfants afin de profiter de la débandade générale pour organiser une évacuation.

En vain.

Quand ils reviennent bredouilles à l'orphelinat, une nouvelle angoisse les attend : les lieux sont déserts. Tout le monde s'est caché dans un sous-sol aménagé en béton armé. Il n'y a plus rien d'autre à faire qu'attendre. Ils ont un peu de vivres, une radio et un petit stock de médicaments. Tout peut advenir : recevoir un obus, être libérés par le FPR ou être attaqués par des miliciens en fuite.

Alexis et Costa repartent en roulant au pas, entourés par la foule de fuyards et l'armée en déroute, conscients qu'à tout moment un militaire armé pourrait les menacer et réquisitionner leur véhicule. Le consul a, comme à chaque déplacement, une très grosse somme d'argent (pour acheter des vivres ou des vies), une fortune qui pourrait aussi très bien signer leur arrêt de mort au cas où l'un des fuyards armés la devinerait. Pour se protéger, Costa propose au premier officier à pied qu'ils croisent de le conduire jusqu'à Butare. Dans ce fleuve humain, la voiture semble flotter. Il leur faudra neuf heures pour parcourir les quarante kilomètres prévus.

Le lendemain ils appellent l'orphelinat *via* la radio et le père Georges leur apprend que Nyanza est maintenant en sécurité : la ville a été prise par le FPR.

Dans les archives de la Radio Télévision suisse, on trouve une interview des mêmes missionnaires de l'orphelinat de Nyanza par un journaliste suisse, tournée quelques semaines plus tard, au mois de juin. Rien dans la voix posée et les visages souriants de ces hommes ne laisse deviner l'angoisse qu'ils ont traversée.

À partir de la fin mai, Alexis concentrera son action sur Butare où il était déjà en contact avec un autre orphelinat, celui géré par la Croix-Rouge belge qui avait trouvé refuge dans les locaux du plus grand établissement scolaire de Butare, le Groupe scolaire, après avoir été évacué de Kigali. C'est de là que partira le premier des convois.

PREMIERS CONVOIS : 5 ET/OU 6 JUIN[1]

Les deux premiers convois ont été organisés par Alexis et Costa pour évacuer les enfants de l'orphelinat de la Croix-Rouge belge de Kacyiru (un quartier de Kigali) qui s'étaient réfugiés à Butare, en date du 13 avril, pour fuir les tueries et les combats se déroulant dans la capitale. Le groupe comprenait plusieurs centaines d'enfants ainsi que les encadrants et leurs familles. Ils s'étaient installés au Groupe scolaire, établissement fondé à l'époque coloniale,

1. Je ne suis pas parvenue à déterminer avec certitude s'il y a eu un ou deux convois début juin. Les comptes rendus rédigés par Alexis auxquels j'ai eu accès aux archives de Terre des hommes font état de deux convois : celui du 5 juin se serait déroulé sans grande difficulté alors que celui du lendemain est présenté comme un vrai cauchemar. Mais lors de sa déposition devant le Tribunal pénal international pour le Rwanda, en 2007, Alexis revient sur ses premières déclarations et ne parle plus que d'un seul convoi, le 5 juin, qui aurait été particulièrement éprouvant. C'est celui que je relate ici. J'ai pris conscience de ce flou après sa mort et personne d'autre, parmi ceux que j'ai ensuite interrogés, n'a su m'éclairer sur la réalité des faits.

comprenant école primaire et secondaire, et dont les locaux étaient vides à ce moment-là car les élèves étaient tous en vacances de Pâques.

Les jours suivants, de nombreux Tutsi, fuyant les massacres et qui espéraient l'aide de la Croix-Rouge, étaient venus s'y réfugier également.

Ils ont été attaqués le 29 avril par des militaires et miliciens hutu ; d'après les témoignages, 27 enfants et 22 adultes ont été tués sur place. Il y avait alors plus de 700 enfants dans les locaux et leur survie était d'autant plus menacée que des militaires gouvernementaux blessés venaient d'être transférés dans les lieux depuis l'aéroport de Kigali.

La cohabitation entre les enfants et les militaires était intenable.

Après l'obtention du protocole d'accord avec le gouvernement, Alexis avait contacté d'autres organisations susceptibles de l'aider à mettre en place une évacuation.

Le CICR, basé au Burundi, avait ainsi accepté de fournir les véhicules et de prendre en charge les enfants que Terre des hommes parviendrait à faire sortir du pays. Le 4 juin, à Bujumbura, le délégué du CICR informa Costa que l'opération était prévue pour le lendemain et l'invita à l'accompagner à Butare. Alexis, lui, passait la nuit au Rwanda pour assurer les derniers préparatifs. Lors d'un précédent voyage, Costa et lui étaient entrés en contact avec le préfet de Butare, Sylvain Nsabimana, qui, sur la base du protocole signé par le ministère, avait accepté de les aider à mener à bien le projet d'évacuation.

Dans l'accord en effet, le gouvernement rwandais s'engageait à « assister par tous les moyens possibles Terre des hommes, en particulier, en mettant à disposition les moyens de transport pour réaliser les convois dans le cadre des opérations d'évacuation, et les moyens nécessaires à la sécurité et à la protection des enfants et personnes engagées dans le programme ».

Un colonel de l'armée gouvernementale, François Munyengango, officier de liaison du CICR, chargé de cette fonction par le ministère de la Défense, était responsable ce jour-là du volet sécurité de l'opération.

Le 5 juin, à 9 heures du matin, Costa et Daniel Philippin, délégué du CICR, étaient déjà à la frontière entre le Burundi et le Rwanda avec des voitures et des camions et attendaient un signe d'Alexis leur confirmant que toutes les conditions étaient réunies pour quitter le pays avec les enfants. Ils devaient alors le rejoindre à Butare avec les véhicules. C'est alors qu'ils ont reçu un appel radio de Bujumbura qui les informait que le siège du CICR à Genève leur refusait l'autorisation de mener l'opération. D'après ce qu'en a écrit Costa dans ses Mémoires, Daniel Philippin avait alors hurlé dans la radio : « Mais qu'est-ce que ça signifie : on n'autorise pas l'opération ? Vous vous rendez compte qu'on est déjà à la frontière et qu'Alexis a déjà tout préparé ? »

Mais l'ordre était sans recours : les hommes et les moyens du CICR ne pouvaient aller au-delà de la frontière.

Costa laissa Philippin à la frontière et entra seul au Rwanda pour rejoindre Alexis à Butare. Ils décidèrent alors de tenter le tout pour le tout.

Il fallait obtenir l'assurance que quelques autorités protégeraient le convoi mais également trouver en urgence des véhicules pour transporter plusieurs centaines d'enfants.

Après plusieurs allers-retours dans la ville, les deux hommes parvinrent à trouver le préfet par intérim, Sylvain Nsabimana.

Quant aux voitures ou camions, contrairement à ce qui avait été prévu dans le protocole d'accord signé le 28 mai, le gouvernement n'avait mis aucun véhicule à disposition de l'organisation, qui allait devoir en louer à un prix très élevé, et ce, pour tous les convois. C'est un personnage haut en couleur, le prêtre yougoslave Vjekoslav Ćurić, dit Vjeko, qui aidera Alexis et Costa à trouver ces moyens de transport.

Vjeko était un frère franciscain originaire de Bosnie qui avait refusé d'être évacué de sa paroisse de Kivumu au début du génocide et s'était employé à traverser la frontière du Burundi avec des camions qui rentraient au Rwanda chargés de vivres et de médicaments, pour venir en aide aux gens cachés ainsi qu'aux congrégations religieuses du sud du pays, et en ressortaient parfois avec des Tutsi dissimulés dans les remorques.

Alexis avait rencontré Vjeko dès son arrivée à Bujumbura. Entre le prêtre et l'humanitaire qui venait de passer plus d'un an en Bosnie pour une mission de Terre des hommes, la relation était très cordiale. Vjeko parlait le kinyarwanda et savait négocier avec les miliciens aux nombreuses barrières qui se dressaient sur la route.

Ce jour-là, en début d'après-midi, c'est grâce aux contacts de Vjeko qu'Alexis et Costa sont parvenus à trouver quelques minibus dans lesquels les enfants et leurs accompagnants de la Croix-Rouge allaient s'entasser tant bien que mal, prêts à partir.

Mais ils n'étaient pas les seuls à monter. Quelques-uns des adultes tutsi réfugiés au Groupe scolaire parvinrent aussi à se glisser dans les véhicules. Dans ce pays où, parallèlement au génocide, se déroulait une guerre, dont l'issue était plus qu'incertaine, certains militaires présents sur les lieux, qui avaient probablement eux-mêmes participé aux massacres de Tutsi, avaient exigé que leurs propres enfants soient également embarqués vers le Burundi. Ils souhaitaient certainement les éloigner de la violence. Situation ubuesque où des génocidaires, donc, laissaient partir quelques-unes des victimes qu'ils n'avaient pu tuer, à condition que les sauveurs prennent aussi leur progéniture.

Cette scène dit toute l'ambiguïté avec laquelle ont dû composer les humanitaires, cette collaboration avec les tueurs des parents pour sauver les enfants.

Au moment de la sortie du Groupe scolaire cependant, une horde de miliciens, informés des préparatifs de départ, s'est amassée devant le portail pour les bloquer.

Seule l'arrivée du préfet et de longues minutes de négociations de sa part et du colonel François Munyengago permettront que le convoi puisse enfin démarrer. À 17 heures.

Le préfet et le colonel ouvraient la marche dans la voiture du premier ; Alexis et Costa la fermaient dans un autre véhicule. Le consul était venu du Burundi les poches pleines de billets, et n'eut de cesse d'en distribuer aux miliciens pour acheter leur passage.

À chaque barrière, la même attente angoissée. Les miliciens escaladaient les véhicules en criant : « Il y a plein de Tutsi là-dedans ! » À plusieurs reprises, le colonel François les menaça de son pistolet pour les faire reculer. Il fallut plus de six heures pour parcourir les trente kilomètres menant à la frontière.

Une fois là-bas, tout le monde devait descendre pour traverser le *no man's land* séparant les deux pays et rejoindre à pied les véhicules du CICR qui attendaient côté burundais. Les adultes tutsi, certains grièvement blessés, qui s'étaient glissés dans les véhicules à Butare ne furent pas autorisés à quitter le Rwanda. Les autorités rwandaises prirent pour prétexte que leurs noms ne figuraient pas sur la liste des enfants et accompagnants qui avait été préalablement établie. Ils furent ainsi renvoyés à Butare.

Claire et ses sœurs, les nièces des Sunnier, faisaient partie de ce groupe. Le retour au Groupe scolaire était absolument inenvisageable, car elles y auraient été massacrées. Alexis obtiendra alors en urgence de la religieuse canadienne responsable de l'école sociale de Butare qu'elle mette ses locaux à disposition de Terre des hommes pour y installer les refoulés ainsi que les autres enfants restés au Groupe scolaire.

C'est de cette école sociale qu'allaient partir le deuxième et le troisième convoi.

Après avoir passé la frontière, les enfants du premier convoi furent pris en charge par la Croix-Rouge. Pour des raisons de sécurité, il fut décidé de faire halte dans un camp de réfugiés géré par l'organisation, à Kayanza, non loin de la frontière, plutôt que de prendre la route vers la capitale en pleine nuit.

L'histoire de cette nuit passée à Kayanza m'a été racontée par un personnage étrange, sans doute le plus déroutant que cette enquête m'aura amenée à rencontrer.

Voici comment je suis arrivée jusqu'à lui.

En juin 2021, je suis invitée à témoigner de l'histoire des convois de Terre des hommes par le Mémorial de la Shoah et l'association Ibuka France, aux côtés d'autres survivantes sauvées par des gestes d'humanité rares. La rencontre est filmée et diffusée sur le site du Mémorial.

Quelques jours après, je reçois un message de Jacques Morel, dont j'ai déjà cité le site internet, véritable mine d'archives sur le génocide contre les Tutsi. Il a regardé mon intervention en ligne. Il me dit qu'il a une liste d'enfants évacués début juin par Terre des hommes, qu'il peut non seulement me l'envoyer par courriel, mais également me mettre en contact avec Michel Seine[1], l'homme qui la lui a remise. Il s'agit d'un ancien de la Fédération internationale des sociétés de la Croix-Rouge et du Croissant-Rouge qui était en charge de ce fameux camp de réfugiés rwandais situé à Kayanza, au nord du Burundi. Cet homme lui a dit

1. Le nom a été modifié.

avoir réceptionné de nuit deux convois d'enfants venus d'un orphelinat de Kigali.

Âgé de 86 ans, il vit dans la banlieue de Rouen. En me donnant son numéro de téléphone, Morel m'a informée qu'avant de travailler pour la Croix-Rouge l'homme avait été militaire ; il m'a aussi prévenue qu'il tenait des propos parfois un peu confus.

Au téléphone, Michel Seine me raconte en effet plusieurs histoires différentes dont je ne parviens pas à comprendre le lien logique. Il me dit avoir des photos et de nombreuses archives relatives à ces convois, qu'il tient à ma disposition. Je décide d'aller lui rendre une visite, accompagnée de mon mari.

Le vieux monsieur qui nous accueille devant son HLM et nous mène à son appartement semble en bonne forme. Il nous fait asseoir dans un salon rempli de bibelots de toutes formes et couleurs, dont plusieurs visiblement viennent du continent africain. Et il commence à parler.

Nous passons quatre heures à l'écouter.

Quatre heures interminables qu'il consacre essentiellement au récit de sa vie, et notamment de son expérience de la guerre d'Algérie. C'est un homme qui vit isolé, retranché dans le passé. Je trouve sa logorrhée insupportable, il fait mille et un détours et nous raconte son parcours en détail : son service militaire à Oran, ses nombreuses missions jusqu'en 1962, notamment pour le compte des Sections administratives spécialisées (SAS). À son retour d'Algérie, il a enchaîné des déboires professionnels et personnels. C'est l'Afrique qui le remettra en selle, grâce à une première mission pour la Croix-Rouge qui l'envoie au Sénégal en 1984, sans formation, comme comptable d'abord, puis comme responsable de programme. Il ira ensuite au Mali, au Congo-Brazzaville, au Tchad et en Centrafrique après avoir été recruté par un grand groupe industriel français. Puis dans d'autres pays encore pour des missions diverses pour lesquelles, chaque fois, il se targue d'avoir fait un travail de grande qualité bien que n'ayant au départ ni la formation ni l'expérience.

L'histoire qu'il raconte en creux est celle de cette armée d'aventuriers de l'Afrique auxquels seule la nationalité a permis d'atteindre sur le continent un statut et des postes auxquels ils n'auraient pu prétendre chez eux.

Après trois heures passées à écouter le récit de ses missions en Algérie, je m'impatiente – je suis venue pour trouver des traces des convois de Terre des hommes, non pour entendre un nostalgique des colonies nous asséner ses vérités.

Heureusement que mon mari est présent ! Il me lance régulièrement des regards qui disent « patience, tu vois bien que ça ne sert à rien de le presser ». Michel Seine finit par lui demander de le suivre dans la cuisine où il cache les dossiers rwandais. Nous constatons qu'il a développé des théories étranges, qu'il a écrit des courriers à diverses personnalités, notamment les présidents de la République successifs, avec nombreuses relances et parfois même réclamations auprès de la poste pour s'assurer qu'on avait bien reçu ses lettres.

En 1994, Seine est au Rwanda depuis le mois de février, en charge de la logistique de la Croix-Rouge. Quand le génocide commence, il se trouve près de la frontière avec le Zaïre où il est évacué, avant de rejoindre le Burundi. De là, il se voit confier la mission de monter un camp de réfugiés pour les Tutsi frontaliers qui parviennent à fuir.

Il finit par nous parler de Terre des hommes dans des termes très critiques. Il accuse l'ONG d'avoir mal organisé l'évacuation, d'avoir laissé des adultes monter dans des camions qui n'étaient destinés qu'au transport d'enfants. Quand je lui demande s'il valait mieux laisser les gens être massacrés, c'est, je suppose, le militaire en lui qui répond que les ordres sont les ordres et qu'il ne faut jamais déroger aux engagements pris avec des autorités.

Finalement, nous n'aurons pas appris grand-chose à Rouen. Quelques semaines plus tard, il m'enverra par la poste l'ensemble de ses archives rwandaises, disant qu'il veut définitivement tourner cette page de son histoire.

Les listes d'enfants qu'il m'a transmises me perdent plus qu'elles ne m'éclairent.

Il y en a en effet trois, titrées « Orphelins et accompagnants en provenance du Rwanda partis pour Bukavu (Zaïre) ». D'après ces documents, il y aurait eu un premier convoi parti au Zaïre le 8 juin, ce qui semble concorder avec le premier convoi de Terre des hommes du 5 juin. Ce groupe était constitué de 295 personnes, dont 16 accompagnateurs, 136 orphelins de Kigali (Croix-Rouge), 119 autres enfants (on imagine qu'il s'agit des survivants tutsi réfugiés au Groupe scolaire) et « 24 membres de 3 familles ». Une des trois familles porte le nom du colonel François Munyengango – je suppose que lui aussi a profité de ce départ pour éloigner les siens.

Ce que je remarque en outre, c'est que contrairement à la décision initiale de n'évacuer que les enfants jusqu'à l'âge de 12 ans, un cinquième des réfugiés sont plus âgés.

Tout cela a dû contribuer à mettre en rogne notre militaire reconverti en humanitaire qui ne supportait pas le non-respect des consignes.

La deuxième liste fait état d'un groupe de 291 personnes parties à Bukavu le 14 juin. De qui s'agit-il ? D'un convoi supplémentaire ? Je me souviens que durant son audition au TPIR en 2006, il a été demandé à Alexis de confirmer le nombre de convois organisés par Terre des hommes. Il semblerait que lors d'une précédente audition il ait fait mention de quatre convois, dont deux organisés le 5 puis le 6 juin. Mais en 2006, il dit qu'il s'agit d'une erreur et qu'il n'y en a eu que trois. Cette liste me laisse perplexe. Le groupe comprend une plus grande proportion d'accompagnants (38) et les enfants de plus de 12 ans représentent cette fois-ci plus de la moitié.

Alexis n'est plus là pour m'éclairer.

Ce qui est certain, c'est que suite à ce ou ces deux premiers convois de début juin, le CICR et la Croix-Rouge ont décidé de retirer leur soutien aux évacuations de Terre des hommes.

Costa, quant à lui, sous la pression de sa famille qui ne souhaite pas qu'il continue à prendre des risques, cessera d'accompagner Alexis à compter de ce jour-là.

Il est retourné au Rwanda après le génocide où il a été reconnu officiellement comme « *umurinzi w'igihango* », l'équivalent de ce que l'on pourrait appeler un Juste parmi les nations.

Contrairement à celles d'Alexis, les actions de sauvetage de Costa durant le génocide ont été largement reconnues et médiatisées, notamment en Italie (où il a été fait Commendatore Ordinis Sancti Grégorii Magni, puis Commendatore Ordine al Merito della Repubblica Italiana) et en Belgique (où il a été fait chevalier de l'ordre de la Couronne de Belgique).

Un film documentaire a été tourné sur son histoire, il est sorti en 2004, accompagné du récit que j'ai évoqué plus haut, tous deux intitulés *La lista del Console*[1] (« la liste du consul »).

Pierantonio Costa est mort début janvier 2021, vingt jours après Alexis Briquet.

---

1. Pierantonio Costa, Luciano Scalettari, *La lista del Console*, Edizioni Paoline, 2004.

Juin 1994. Après le retrait de Costa, Alexis ne sera pas seul longtemps. La déléguée de Terre des hommes Italie, Deanna Cavadini, le rejoint le 9 juin à Bujumbura. Elle arrive accompagnée d'un couple d'Italiens, la journaliste Patrizia Miazzo et le photographe Mauro Parmesani, chargés de documenter les sauvetages en cours pour les publics suisse et italien, donateurs de l'ONG.

Ceux-ci ont en effet offert de quoi remplir un avion de 11 tonnes de vêtements, de médicaments et de vivres qu'apporte Deanna. Deux infirmières sont avec eux, chargées d'assurer le cas échéant l'envoi vers un hôpital italien d'enfants qui seraient gravement blessés et auraient besoin de soins chirurgicaux.

L'avion repartira vide, transportant uniquement la petite orpheline vers sa famille adoptive suisse ainsi que les deux soignantes.

Terre des hommes

L'école sociale de Butare est devenue le nouveau centre opérationnel de Terre des hommes dans la zone sud du Rwanda. Briquet a embauché l'équipe restante de l'orphelinat de la Croix-Rouge de Kigali qui s'occupe des enfants au quotidien alors que les humanitaires continuent de faire des allers-retours avec Bujumbura. Les habitants hutu qui cachaient des enfants tutsi, les bonnes âmes qui ont retrouvé des petits survivants après les massacres sur les collines, les amènent désormais à l'école. Alexis semble avoir obtenu du préfet et du colonel que quelques militaires de confiance assurent un semblant de sécurité autour des lieux, repoussant les miliciens.

C'est à cet endroit que ma mère et moi trouvons refuge le 8 juin.

DEUXIÈME CONVOI : 18 JUIN

Lors de mon premier appel téléphonique à Alexis, il a dit à propos de notre convoi qu'il s'était agi du plus facile à organiser. Il avait utilisé les mêmes termes quatorze ans plus tôt devant le Tribunal pénal international. Le plus facile.

Le CICR et la Croix-Rouge ayant retiré leur soutien à Terre des hommes, Alexis et Deanna ont dû se débrouiller seuls pour trouver des camions, toujours grâce à la complicité du père Vjeko.

Pour éviter les difficultés rencontrées lors du précédent convoi, les deux humanitaires, aidés des employés rwandais du centre, ont mis une attention particulière à la constitution des listes des enfants à évacuer : aucun ne doit avoir plus de 12 ans, comme convenu avec les autorités.

Lors de sa déposition au Tribunal pénal international, Alexis a assuré que cette fois-là, le cadre avait été respecté. Il n'a pas mentionné la présence d'une adulte, ma mère, et de sa fille adolescente.

Il a raconté aux juges de la seconde chambre du Tribunal que le matin de l'évacuation, une équipe de la BBC s'était présentée en demandant si elle pouvait accompagner le convoi. Briquet a dit qu'il était réticent. Il craignait que leur présence ne rajoute du risque. Il avait fini par accepter, mais en insistant sur le fait qu'ils devaient être aussi discrets que possible, ne pas filmer sur les barrières lorsque les miliciens étaient agressifs.

Les enfants sont montés dans les camions calmement. J'ai pu voir sur les photos comme tous étaient bien mis grâce aux vêtements que Deanna avait rapportés d'Italie. Chacun portait une étiquette, avec son nom et un numéro, agrafée sur la poitrine. Les journalistes ont filmé la scène de préparation au départ. Au tribunal, deux vidéos ont été projetées et il a été demandé à Alexis de les commenter. Je n'ai pas pu avoir accès à ces documents. Tout ce que j'ai en ma possession, c'est le documentaire du programme *Panorama* de la BBC que m'a remis le reporter Fergal Keane. Le convoi du 18 juin n'y occupe que 2 minutes. On y voit, dans la cour de l'école sociale, la fermeture partielle des portes d'un des camions, retenues avec une corde pour laisser l'air entrer dans le container où sont assis une cinquantaine d'enfants, sous le regard attentif de Deanna et du préfet.

Suivent quelques images filmées depuis le camion, discrètement alors que les véhicules sont en mouvement, passant des barrières où se trouvent des miliciens dont on voit clairement les armes ; machettes, faucilles, simples bâtons ou gourdins. Ils ont l'air désœuvrés, regardent circuler les camions dont la voix *off* dit que le préfet a âprement négocié le passage. On voit sa berline noire dépasser les camions pour aller au-devant des tueurs. Les journalistes ont filmé, à l'intérieur d'un des camions, des gros plans de visages d'enfants ; l'un a un immense pansement sur le haut du crâne, un autre est endormi, son petit corps ballotté par le roulis du véhicule.

Et enfin les images de la frontière, un plan d'Alexis en train de soulever un petit pour le descendre du camion.

La caméra montre des grappes d'enfants en train de partir vers la frontière, pendant qu'une interview du préfet commence.

J'ai retrouvé sur le site internet francegenocidetutsi.org une retranscription complète de cette interview, visiblement issue des pièces du procès au TPIR, qui porte la cote Exhibit D 460 b[1]. Elle est par moments surréaliste. En la lisant, je me suis dit qu'il y avait des accents du fonctionnaire nazi Eichmann dans les propos du préfet Nsabimana, mais un

1. https://francegenocidetutsi.org/exhd460bfr.pdf.

Eichmann inversé, qui aurait argué qu'il n'avait fait qu'obéir aux ordres pour sauver des vies. J'ignore si Nsabimana se dédouane ainsi de la responsabilité du sauvetage, se présentant comme un fonctionnaire qui exécute simplement les ordres, parce qu'il se sait observé par des génocidaires présents sur cette frontière, par le colonel Nteziryayo qui le remplacera bientôt à son poste, ou si ce qu'il dit correspond à sa pensée intime.

Quand le journaliste lui demande pourquoi il a accepté d'aider les humanitaires à évacuer ces enfants, voici ce qu'explique Nsabimana :

« Euh... je suis ici pour aider les enfants à... traverser la frontière dans le cadre de... d'un accord signé entre le gouvernement rwandais et Terre des hommes. [...]

« ... c'est parce que je suis obligé de les accompagner pour savoir réellement s'ils ont dépassé la frontière et là j'ai la responsabilité de ces enfants. Donc je dois le savoir s'ils sont partis ou pas. Au cas où il y a eu un problème, je suis obligé de le résoudre. [...] »

Plus tard il affirme :

« ... aider les enfants, c'est dans mon travail ça, c'est dans mon travail. Je suis obligé, je suis une autorité. Je dois agir en tant qu'autorité, en tant que quelqu'un qui répond aux ordres donnés en haut et quand j'ai reçu les ordres d'en haut, je les exécute. Donc moi je ne peux pas le vouloir ne pas les aider parce que je suis obligé. Donc c'est dans… c'est dans l'ordre, c'est dans la justice, et dans la normalité des choses. »

Seule une partie de cette réponse figure dans le documentaire diffusé sur la BBC.

Le reste de l'interview se trouve sur une bande peut-être quelque part dans les archives de la télévision britannique et certainement sur une étagère du Tribunal pénal international qui a ainsi pu retranscrire les propos de Sylvain Nsabimana, mais je ne l'ai pas retrouvée sur le site internet du Mécanisme résiduel des Tribunaux pour le Rwanda et l'ex-Yougoslavie. C'est aussi l'une des rares preuves écrites dont je dispose aujourd'hui de ma présence sur cette frontière le 18 juin 1994. Il y est en effet question de nous.

Le journaliste de la BBC demande au préfet qui peut ou non passer cette frontière depuis le Rwanda. Nsabimana lui offre une réponse alambiquée, pleine de circonvolutions, car il ne s'agit pas pour lui d'admettre que les Tutsi n'ont plus le droit de quitter le pays :

Question : « Les adultes ne pourraient pas (inaudible) voyager vers le (inaudible) ? »

Réponse de SN : « Hum… Je ne pense pas. S'ils ont… s'ils ont les documents, les papiers, ils peuvent traverser. S'ils sont en ordre, ils peuvent, et s'ils ne sont pas en ordre (inaudible). Dans tout barrage, euh, il faut… il y a un minimum de documents qu'il faut présenter et notamment, c'est soit la carte d'identité, soit le papier qui te permet de passer, un laissez-passer, soit un passeport pour un étranger ou un Rwandais qui veut partir. Nous, on laisse les gens partir, ceux qui veulent partir ils partent et à condition qu'ils aient les documents. Euh, sur les barrages, moi souvent je ne suis pas là pour voir tous les barrages ce qui se passe. Ce que je sais, c'est que nous avons donné l'ordre de laisser passer qui veut passer, qui veut partir. Mais quand on l'arrête à ce moment on l'emmène, nous on voit pourquoi euh quel est... quel a été le problème. Là, on analyse à ce moment quand ça va on dit au barrage que le type passe et il passe. Mais il peut arriver que le type ne passe pas parce que c'est pas au complet. Donc les documents ne sont pas en ordre. Dans ce cas, je ne sais pas répondre d'autant plus que je n'étais pas là, mais dans le cas précis, là je réponds. » Et ainsi de suite pendant encore quelques phrases.

Le journaliste insiste, il veut savoir ce qui se passe quand on a un papier indiquant qu'on est tutsi.

« Pourquoi pas ? Pourquoi pas ? Euh... je peux te donner un exemple : moi j'ai... j'ai les enfants ici. Les enfants ici je ne sais même pas si ce sont des Hutu ou des Tutsi. Pour moi ce n'est pas mon problème. »

Il parle de religieuses tutsi, de l'évêque de Butare qui est tutsi et dont il dit : « nous sommes en train de les protéger pour qu'on ne les dérange pas » ; et il continue dans sa démonstration du fait que le seul problème serait lié au fait que les gens n'ont pas toujours des papiers.

Et au détour d'une phrase je lis ceci :

« ... il y a une dame et son enfant. Une dame qui est tutsi je pense et qui a... qui est française qui vient de passer ici. Moi je viens de dire qu'on a rien à voir (inaudible) à tout. Elle peut passer. Donc, c'est pas parce que on est tutsi ou hutu que sur les barrages vous allez passer automatiquement. Donc il y a un minimum de documents qu'il faut avoir sur les barrages et ces documents, si tu les as, Hutu ou Tutsi, tu passes. Mais si tu ne les as pas, Hutu ou Tutsi, tu ne passeras pas. »

Après avoir lu l'interview retranscrite de Nsabimana, j'ai eu envie de revoir le passeport que ma mère avait présenté au guichet des douaniers ce jour-là, comme pour me convaincre qu'il avait existé. Il y a dans mon armoire un grand tiroir où je conserve pêle-mêle les photos, carnets, papiers divers du passé. Je l'ouvre rarement pour ne pas être tentée d'y plonger complètement.

Le passeport y est rangé. Il semble presque neuf. Je regarde la photo de maman, si jeune encore alors, avec cette afro que je lui ai connue jusqu'en 1994. Puis je tourne la page.

Je découvre stupéfaite qu'il a bien été tamponné par le douanier rwandais le 18 juin 1994. Et qu'à leur tour leurs collègues burundais ont fait de même, quelques mètres plus loin, ajoutant des timbres tout ce qu'il y a de plus officiel. Ainsi, en plein génocide, alors que déjà plus de 800 000 personnes avaient été tuées, qu'on massacrait encore à quelques mètres de nous, cette mascarade a eu lieu. Ma mère a payé des timbres et nous sommes sorties du pays le plus officiellement du monde. Une exception inimaginable.

Lorsque j'ai parlé à Alexis Briquet au téléphone, la première fois, je lui ai demandé comment ça se faisait qu'il nous ait acceptées dans ce convoi réservé aux enfants. Il m'a alors appris : « C'est le préfet qui me l'a demandé. Quelqu'un avait intercédé pour vous auprès de lui, des religieuses je crois. »

Je pense qu'il s'agissait de sœur Christine et de ses collègues.

TROISIÈME CONVOI : 3 JUILLET

Durant les deux dernières semaines du mois de juin, le centre géré par Terre des hommes à Butare a reçu de nombreux autres enfants, et notamment une soixantaine exfiltrés d'une bourgade nommée Kaduha, située dans la préfecture voisine de Gikongoro.

L'histoire des enfants de Kaduha m'a été rapportée par mon amie l'historienne Hélène Dumas [1], avec laquelle je discutais régulièrement de mon enquête.

Elle avait trouvé durant ses propres recherches [2] une importante documentation laissée par une religieuse allemande, sœur Milgitha Kösser, qui vivait

1. Principale historienne française ayant travaillé ces quinze dernières années sur le génocide contre les Tutsi du Rwanda. Chargée de recherche au CNRS, elle est l'auteure de deux ouvrages majeurs : *Le Génocide au village*, Seuil, 2014, et *Sans ciel ni terre*, La Découverte, 2020.

2. Hélène Dumas, « "Afin de mettre une marque en ce temps." Kaduha, avril 1994 : un album de l'attestation », *Sensibilités. Histoire, critique & sciences sociales*, décembre 2021, p. 28-45.

au couvent Euthymia de Kaduha depuis plus de deux décennies. En 1994, elle gérait le centre de santé, adjacent à l'église, en compagnie de sa consœur, sœur Quirina.

Les deux femmes ont tenté de venir en aide aux dizaines de milliers de Tutsi qui s'étaient réfugiés à la paroisse de Kaduha. Mais le 21 avril les Hutu avaient commencé à les massacrer. Ce n'est qu'au bout de deux jours, une fois ceux-ci partis, que les deux religieuses avaient pu sortir de leur maison, à la recherche de survivants. Pour sœur Milgitha, le sauvetage s'était doublé d'une volonté de documenter ce qui s'était passé. Elle avait ainsi pris de nombreuses photos, traces rares en ces temps et dans ces lieux où l'extermination se déroulait sans témoin extérieur.

Les religieuses allaient garder dans leur couvent des dizaines d'enfants rescapés des tueries d'avril, faisant face au harcèlement quotidien de miliciens, que Milgitha parvint un temps à calmer en leur donnant tout l'argent dont elle disposait.

En sus des photos, elle allait garder toutes les traces écrites de cette période extrême. En 2016, peu avant sa mort, la religieuse a transmis le classeur contenant ses archives au secrétaire exécutif de la Commission nationale de lutte contre le génocide. Pour mémoire.

C'est en consultant ce classeur qu'Hélène Dumas a trouvé des indices susceptibles de m'intéresser et elle a eu la gentillesse de m'en transmettre une copie.

Le 15 juin 1994, sous la pression du sous-préfet génocidaire de Kaduha, les sœurs avaient finalement accepté de quitter le Rwanda.

Milgitha et sa consœur avaient dû laisser les enfants rescapés et les adultes blessés, au total 85 personnes. Elles avaient pris soin au préalable de les confier à leur rares collaborateurs hutu du centre de santé, un médecin et une infirmière, qui n'avaient pas rejoint les génocidaires.

Dans les archives de Kaduha, nous avons retrouvé un document manuscrit, une simple feuille à grandes lignes attestant le transfert des enfants survivants aux bons soins de Terre des hommes, transfert qui avait dû être négocié par la religieuse avec les humanitaires avant son départ. En date du 22 juin 1994, il y était écrit : « La Fondation Terre des hommes est en possession de 60 enfants, orphelins initialement pris en charge par Sr Milgitha Kösser du centre de santé de Kaduha. »

La feuille était signée du responsable rwandais du centre de Butare (ancien salarié de la Croix-Rouge) et de l'infirmière en charge du centre de santé de Kaduha. Ces enfants allaient faire partie du dernier convoi vers le Burundi, celui du 3 juillet 1994.

Cette évacuation s'est déroulée dans des conditions totalement différentes de la nôtre.

Début juillet, la guerre se rapprochait de Butare. L'armée gouvernementale hutu était en train de perdre le combat face au Front patriotique rwandais, composé essentiellement d'exilés tutsi, qui contrôlait alors la majeure partie du pays.

Le 22 juin, la France avait décidé de lancer l'opération militaro-humanitaire Turquoise, supposément pour venir en aide aux victimes. À cette date, la grande majorité des Tutsi étaient pourtant déjà morts. L'opération avait été autorisée par le Conseil de sécurité de l'ONU. Mais le vote comptait de nombreuses abstentions, car beaucoup craignaient, connaissant les accointances de l'État français avec le régime génocidaire, que cette intervention ne serve surtout à soutenir l'armée hutu.

L'opération Turquoise avait été déployée depuis Goma et Bukavu, deux villes du Zaïre situées à la frontière ouest du Rwanda et, à partir de début juillet, allait mettre en place ce qu'elle appelait une « zone humanitaire sûre » sur les 20 % du territoire national n'ayant pas encore été libéré par le FPR. Y seraient accueillis les centaines de milliers de Hutu, civils, miliciens et militaires non désarmés fuyant l'avancée de l'armée tutsi dont ils craignaient la vengeance. La plupart termineraient leur route au Zaïre où ils iraient s'entasser dans d'immenses camps de réfugiés, toujours sous la coupe du gouvernement génocidaire.

Mais pour l'heure, le 2 juillet, des bruits de mortiers et de tirs se faisaient entendre sur les collines environnant la ville de Butare, tout près du centre où Terre des hommes avait encore la responsabilité d'environ 600 enfants.

J'ai trouvé assez peu d'archives sur le dernier convoi, qui s'est fait dans la précipitation. Le 2 juillet, le directeur rwandais du centre a envoyé un mot d'appel à l'aide à Briquet qui était au Burundi. Les deux humanitaires, Alexis et Deanna, toujours accompagnés des journalistes italiens, sont alors immédiatement arrivés à Butare.

Lors de notre entretien téléphonique, Alexis m'a raconté être allé, dès son arrivée en ville, solliciter l'aide des militaires français de Turquoise basés non loin de là. Ce sont eux qui ont réquisitionné camion et carburant auprès des autorités. Le bourgmestre avait protesté mais les Français étaient en territoire conquis et une escouade de la force spéciale a ainsi escorté le convoi jusqu'à la frontière.

Les camions devaient, comme pour les autres convois, rester au Rwanda. Alexis était parvenu, en lançant un message radio depuis Butare, à mobiliser plusieurs dizaines de véhicules de particuliers à Bujumbura, voitures, camionnettes, bus afin qu'ils viennent les retrouver à la frontière.

D'après les témoignages, l'évacuation s'est déroulée dans un certain désordre. Les Hutu de Butare fuyaient aussi les combats, tueurs et innocents mêlés, leurs familles, les autorités… La plupart allaient vers la zone contrôlée par l'armée française à l'ouest, mais certains, comme le préfet Nsabimana et sa famille, décidèrent de rejoindre le Burundi, se fondant dans le convoi de Terre des hommes.

Terre des hommes avait depuis la mi-juin aménagé un centre d'accueil dans un ancien entrepôt de Bujumbura. C'est là qu'ont aussi été accueillis les 600 enfants arrivés le 3 juillet. Certains furent récupérés par les membres de leurs familles réfugiés au Burundi. Les autres furent envoyés au Zaïre, dans le cadre d'une prise en charge par le CICR.

Sur le millier d'enfants qui ont été évacués en juin et juillet, d'après les rapports finaux de l'ONG, 554 rejoignirent le camp de réfugiés de Bukavu au Zaïre où ils furent pris en charge par la Croix-Rouge belge, 222 furent recueillis par des familles au Burundi et 262 restèrent dans le centre d'accueil de Terre des hommes à Bujumbura.

Ces derniers ont été rapatriés au Rwanda quelques mois plus tard, dans deux nouveaux centres que l'ONG avait mis sur pied à Butare.

En décembre 1995, Terre des hommes a fait partie des 44 ONG auxquelles le gouvernement rwandais post-génocide a demandé de quitter le pays. C'est là un fait assez rare dans l'histoire de l'action humanitaire en Afrique : le nouveau régime, constitué de l'armée du FPR – qui a mis fin au génocide des Tutsi – et des quelques personnalités politiques démocrates hutu qui ont survécu aux massacres, a décidé d'expulser plusieurs dizaines d'organisations humanitaires dont le travail n'est pas jugé nécessaire ou dont le positionnement déplaît.

Ce sont des temps troublés, le pays est exsangue, la différence de niveau de vie entre les expatriés et les Rwandais fait grincer des dents. Certains ne cachent pas leur ressentiment envers les Occidentaux dont l'abandon durant le génocide est comparé à l'immense déploiement d'aide envers les Hutu réfugiés dans les camps du Congo notamment.

Que reproche-t-on à Terre des hommes ? Je crois comprendre que l'on retient surtout du dernier convoi, début juillet 1994, qu'il a été organisé avec les militaires français de l'opération « militaro-humanitaire » Turquoise, qu'il a permis l'exfiltration du préfet Nsabimana et sa famille. La gestion du centre pour enfants à Bujumbura aurait aussi été jugée insuffisamment rigoureuse, quelques enfants auraient été adoptés par des familles burundaises et ne seraient jamais revenus. J'imagine par ailleurs qu'un des nouveaux projets de l'ONG, consistant à venir en aide aux mineurs accusés de génocide et en partie géré par des salariés français peu expérimentés, ne plaît pas à tout le monde.

Les équipes expatriées de l'organisation de Lausanne quittent le pays en confiant leurs actions à des associations rwandaises ou étrangères autorisées à rester.

La page se tourne tristement, et sans doute cette fin en demi-teinte explique-t-elle pourquoi les faits heureux – notre sauvetage durant le génocide – seront petit à petit oubliés, ou du moins n'auront pas, dans les décennies suivantes, la reconnaissance qu'ils auraient méritée. Je comprends enfin que le fait qu'Alexis a été un témoin de la défense du préfet Nsabimana, lorsque celui-ci fut jugé et condamné au Tribunal pénal international d'Arusha, a pu choquer plusieurs rescapés.

Je ne souhaite pas m'étendre ici sur ce volet. Quelle qu'ait été son incompréhension de la situation politique du pays, quelles qu'aient été ses erreurs, on ne peut pas retirer à Alexis le fait qu'il a fait preuve d'un grand courage, d'une généreuse humanité, et qu'avec l'aide d'une poignée de personnes il a aidé plusieurs centaines de Tutsi, là où tous les autres nous avaient lâchement abandonnés à notre sort.

Alexis est mort et il n'est plus là pour répondre à toutes les questions que j'aurais encore à lui poser.

Comment a-t-il vécu tout cela ? Pourquoi cette limite d'âge de 12 ans pour les enfants à évacuer ? Qui l'avait fixée ? Qui est cet homme aux traits asiatiques qui figure sur plusieurs des photos du convoi du 18 juin, dès le départ de Butare ? Keane dit dans son livre que c'était un humanitaire japonais, Deanna et Mauro n'ont gardé de lui aucun souvenir.

Et puis il y a d'autres questions, plus complexes, dont j'aurais tant voulu discuter avec lui. Par exemple, pourquoi le préfet Nsabimana et le colonel Munyengango ont-ils accepté de l'aider à nous sauver ? Quelqu'un m'a dit que l'officier se savait atteint d'un virus alors incurable et que les gens avaient interprété sa bravoure comme une façon de laisser un geste de bonté avant sa mort. Croyait-il au paradis ?

Quant à Nsabimana, il symbolise à lui seul les ambiguïtés de tant de Hutu durant le génocide.

Il a été arrêté au Kenya où il s'était réfugié après la chute du régime hutu. En 2006 il a comparu pour la première fois au Tribunal pénal international pour le Rwanda à Arusha en Tanzanie. Pour sa défense, il a appelé à la barre le reporter irlandais et l'humanitaire suisse leur demandant de venir témoigner du fait qu'il avait sauvé des enfants tutsi.

J'ai passé de longues heures à lire les dépositions des deux hommes devant la deuxième chambre du Tribunal. Ils ont tous les deux été convoqués à témoigner durant deux à trois jours en 2006, à un mois d'écart.

Le dossier de Nsabimana faisait partie du procès-fleuve qui a été désigné comme celui des « six de Butare ». Il concerne en effet six autorités publiques qui ont été considérées comme les organisatrices principales des massacres dans la préfecture. Il s'agit de :

– Pauline Nyiramasuhuko, ministre de la Famille et du Progrès des femmes du gouvernement par intérim et son fils, Arsène Shalom Ntahobari (respectivement épouse et fils du recteur de l'Université) ;

– Joseph Kanyabashi, maire de Butare ;

– Élie Ndayambaje, ex-maire de la commune de Kibayi, proche de la frontière, celle justement où vivait ma famille maternelle ;

– Sylvain Nsabimana, préfet de Butare ;

– Alponse Nteziryayo, officier qui le remplacera à ce poste dès le 19 juin. Il est également originaire de la même région que ma mère.

Consulter les archives sur le site internet du Mécanisme résiduel des Tribunaux pénaux internationaux a été particulièrement fastidieux. Je n'ai ainsi pu trouver que deux des vidéos issues des rushes de la BBC. Par ailleurs, la lecture des dépositions d'Alexis Briquet et de Fergal Keane m'a amenée à découvrir le langage et les procédures incompréhensibles des auditions. Combien de survivants ont pu avoir accès aux procès de ceux qui avaient organisé le génocide des leurs ? Combien ont pu les comprendre ? Il y a dans ces archives des informations importantes pour nous, mais elles sont noyées dans des pages et des pages de circonvolutions procédurières et dans une langue juridique incompréhensible pour les non-initiés. Comment les rendre accessibles aux victimes ? Quelqu'un s'en est-il préoccupé ?

En juin 2011, Nsabimana a été condamné à 25 ans de prison pour son rôle dans le génocide des Tutsi à Butare. Le Tribunal pénal international l'a condamné parce qu'il avait manqué à son devoir légal, en tant que préfet, d'agir pour protéger les personnes vulnérables dont il avait la responsabilité dans sa juridiction (notamment les Tutsi réfugiés devant son bureau à la préfecture). Il a donc été considéré comme complice du génocide, mais par ailleurs il n'a pas pu être établi qu'il aurait été l'auteur direct d'un massacre ou d'un meurtre, ni fait d'incitation active et publique au génocide.

J'ai aussi appris récemment que, contrairement à ce que j'avais cru, le préfet connaissait déjà la décision de ses supérieurs de le démettre de ses fonctions lorsqu'il a accompagné notre convoi, le 18 juin. Pourquoi nous avoir aidé ? Était-ce, dans son cas comme pour le colonel Munyengango, une façon de laisser une trace positive, alors qu'il se savait lâché par les siens ?

Le procureur du TPIR a déclaré au sujet des « six de Butare » que le génocide n'aurait pas été possible à Butare sans la participation de ces responsables. Tous ont fait appel. Le jugement d'appel, prononcé en décembre 2015, a marqué la fermeture effective du tribunal. Toutes les peines des condamnés ont été revues à la baisse par la suite.

La chambre d'appel, présidée par le juge italien Fausto Pocar, a justifié cette réduction de peines par le « préjudice » causé aux six personnes par un jugement arrivé dix ans après leur incarcération.

Ce procès a été considéré comme le plus coûteux et le plus long de la justice pénale internationale.

L'ex-préfet Nsabimana a alors pu recouvrer sa liberté, sa peine passant à 18 ans de prison, soit exactement la période de la détention qu'il venait d'effectuer.

Durant mes recherches, j'ai réalisé, abasourdie, que la plupart des hommes condamnés au TPIR d'Arusha pour avoir été les organisateurs du génocide étaient désormais libres, leurs peines ayant été réduites soit après un appel, soit pour « bons comportements »...

Aucun des génocidaires de Butare n'avait plaidé coupable ni formulé de regrets, encore moins demandé pardon aux victimes.

Je sais aujourd'hui que les génocidaires ne m'intéressent pas. Je souhaite consacrer toute mon énergie à l'histoire des victimes, parler de nos peines, des traumatismes dont on ne guérit pas, mais aussi de nos délicates solidarités.

L'été 2022, alors que je commence l'écriture de ce récit, je reçois un coup de fil d'Hélène Dumas. Celle-ci me raconte une visite à des rescapés de Kaduha, au cours de laquelle une femme lui a parlé de sa petite sœur qui faisait partie de ces enfants évacués à Bujumbura par Terre des hommes. Elle n'est jamais revenue, a vécu dans une famille burundaise puis s'est mariée et a fait sa vie là-bas. Les deux sœurs ont longtemps cru que l'autre était morte. Aujourd'hui elles se sont retrouvées, se parlent régulièrement au téléphone. Nous convenons avec Hélène qu'elle me donnera le contact de la jeune femme, afin que je lui envoie les photos que j'ai récupérées. Qui sait ? Peut-être s'y reconnaîtra-t-elle ?

Ce jour-là, en terminant cette conversation téléphonique, je pense à ce principe évoqué par Daniel Mendelsohn, à la fin de son livre *Trois anneaux*, principe selon lequel il y a bel et bien un lien entre toutes choses, et je me dis que s'il m'a fallu trente ans pour écrire cette histoire, c'est que la vie avait besoin de temps pour tisser les belles amitiés et les rencontres nécessaires à son éclosion en rhizomes.

4.

L'heure de nous-mêmes

« Je ne peux pas me consoler en me disant que "oui, je fais du mal à cet homme en n'étant que cet objectif froid alors que lui, cet homme, il a besoin d'un peu de fraternité à un moment terrible". Je ne peux pas me dire "oui je fais du mal à cet homme mais je permets à d'autres gens de prendre conscience…". Ça ne suffit pas. En l'occurrence, au Rwanda, le mal était fait. Ça servait à quoi de faire des photos ? Pour l'histoire ? Je ne vois pas l'intérêt. Et pour l'histoire de qui ? Elles sont destinées à qui, nos photos ? Elles sont destinées à l'Europe et aux États-Unis, et ça correspond à quel pourcentage de l'ensemble de l'humanité ? On n'a rien d'universel, on est des produits d'une certaine culture, et on destine notre production à une certaine culture, à une certaine société. »

Extrait d'une interview de Luc Delahaye dans le film documentaire *Rapporteurs de guerre* réalisé par Patrick Chauvel et Antoine Novat, 1998

J'avais prévu de raconter les convois. Telle était du moins mon unique intention quand j'ai décidé d'écrire, en 2020, à la mort d'Alexis Briquet. Mais le cheminement que j'ai alors entrepris pour retrouver les éléments nécessaires à l'écriture de cette histoire, les souvenirs des uns, les archives des autres m'ont amenée à me poser et à tenter de répondre à des questions inattendues.

À chaque porte qui se fermait, à chaque déception devant une piste se terminant en cul-de-sac, et contre toute attente, j'apprenais beaucoup. Non pas uniquement sur l'historique de notre sauvetage, mais sur la façon dont cette histoire, toute cette histoire du génocide, avait été racontée au monde à travers des images prises par des étrangers et dont la narration avait fini par s'imposer à tous.

J'ai passé de longues heures à scruter des images, pour y retrouver mon visage puis aussi finalement celui d'autres enfants, rencontrés durant mon enquête. Et quand je n'y trouvais rien de nous, je continuais quand même à les regarder, pour ne pas abandonner, parce qu'il fallait bien avancer. C'est de cette observation attentive qu'est née chez moi une autre forme de lecture.

Je ne regardais plus simplement pour trouver mais aussi et surtout pour comprendre. Que s'était-il réellement joué à cette frontière, dans ce pays, pour les différents protagonistes des scènes capturées par les objectifs des Occidentaux ?

Une photographie se comprend à partir du point de vue. Ce qui nous est donné à voir dépend des contraintes matérielles inhérentes à la production de l'image (lumière, appareil, lieu...) mais aussi foncièrement de l'intention du photographe. Le sujet, le cadrage, l'angle sont des choix subjectifs déterminés par ce qu'il souhaite photographier. La lecture d'une image, sa compréhension globale ne sera donc possible qu'en tenant compte de l'identité de l'auteur de l'image. Qui est-il, d'où parle-t-il et à qui s'adresse-t-il ?

Quelle importance accorde-t-il aux photos qu'il a prises et qu'en fait-il sur le long terme, après leur publication immédiate par tel ou tel média ? Les garde-t-il bien rangées pour la postérité ? Pour les montrer à ses enfants, dans l'espoir d'une exposition rétrospective ? Pour les rendre un jour à celles et ceux dont il a emporté un bout de vie à l'autre bout du monde ?

Au commencement de ma quête, il y avait les images prises par les journalistes de la BBC. Le film documentaire de *Panorama* d'abord, dans lequel quelques minutes illustraient certains moments de notre voyage et la traversée de la frontière, film que j'avais pu récupérer à la fin du printemps 2009. Dans cette séquence, seul le préfet Nsabimana était interrogé. Les enfants et les humanitaires restaient silencieux.

Puis, au printemps 2011, Tony Wende, autre journaliste de la BBC, m'envoyait les quatre photos qu'il avait prises, montrant des enfants dans les camions et à la frontière.

En 2020, dès notre premier entretien, Alexis Briquet allait m'apprendre qu'il existait beaucoup d'autres images prises ce jour-là par le photographe italien envoyé par Terre des hommes pour documenter leur action.

J'ai immédiatement contacté ce dernier, Mauro Parmesani, qui m'a confirmé au téléphone qu'il avait bien des photos, environ 150.

J'essaie de situer ces photos et vidéos dans l'image que l'Occident s'est faite de mon pays en 1994. Quelle place peuvent-elles y occuper ? Elles n'ont pas été prises par et pour des Rwandais. Quand j'y pense, je ne crois pas qu'une seule photo ait été prise par et pour nous à l'époque. Elles étaient destinées au reste du monde. Le monde nous regardait à travers ses journalistes, ses photographes, ses humanitaires. J'imagine que ceux d'entre nous qui avaient conscience d'être photographiés devaient espérer que ce regard nous sauverait, parce que l'existence de ces images était la preuve que le monde savait ce qui avait lieu chez nous, et il ne pouvait laisser faire, n'est-ce pas ? Il allait réagir, le monde, arrêter les tueries. Il suffisait de volonté et de quelques individus correctement armés, mandatés pour mettre fin aux massacres.

Il n'en a rien été. Le monde s'est contenté de nous regarder mourir sur du papier glacé, à la télé. Et n'eût été l'existence de quelques étrangers, de certains Hutu qui nous cachèrent, résistant à l'injonction de tuer, n'eût été la victoire des militaires du FPR, nous aurions totalement disparu, et, après nous avoir regardés les yeux grands fermés, le monde aurait tourné la page.

Longtemps après 1994, c'est à travers ce regard-là qu'il a continué de nous voir. Les étrangers avaient rédigé seuls les légendes des images qu'ils avaient prises de nous. Leur regard, leur interprétation étaient devenus notre histoire officielle.

Mais aujourd'hui, entre le monde et nous, il me semble enfin qu'une autre histoire est possible. Et que c'est à nous, les victimes d'hier, de la raconter.

Le temps n'est-il pas venu pour nous, trente ans après les faits, de nous réapproprier ces photos, de les légender avec notre langage, à l'aune de notre expérience ?

J'ai eu envie de passer de l'autre côté du miroir pour changer le narratif, lui donner plus de complexité. Et à la place du laconique « enfants fuyant le génocide rwandais », j'ai voulu écrire une histoire qui dise la profondeur de nos vies, qui dise nos noms, nos parcours, nos espoirs et nos désillusions. Qui dise combien il est difficile de faire le chemin de mémoire, difficile de retrouver les traces de nos vies dans des archives qui dorment en Europe, ou dans les archives du Tribunal pénal international, bien souvent inaccessibles.

Bordeaux, fin de l'été 2021

Après la mort d'Alexis, sa compagne Deanna Cavadini prévoit de venir me rendre visite à Bordeaux, en septembre. C'est elle qui me propose que Mauro nous rejoigne afin qu'il me rencontre aussi et m'apporte les photos qu'il a en sa possession.

Les échanges téléphoniques que j'avais eus avec le photographe m'avaient laissée imaginer un homme assez volubile, qui semblait avoir été très marqué par son expérience rwandaise.

Photographe free-lance, il produisait jusqu'alors des reportages sur des hôtels de luxe, sur des paysages paradisiaques aux quatre coins de la planète, pour des magazines de voyage. J'ai cru comprendre que c'est sa compagne d'alors, Patrizia Miazzo, journaliste de presse écrite, qui l'avait convaincu de s'engager pour un temps auprès de Terre des hommes Italie, dont Deanna était la déléguée générale. Avant le Rwanda, il avait accompli des missions du même type en Éthiopie, au Bénin et au Liban.

Lorsque j'avais exprimé à Mauro mon souhait de voir les photos, il m'avait dit qu'il en avait de mémoire environ 150, qu'elles étaient sous format de diapositives dans un carton, avec toutes ses autres archives, qu'il avait entreposées chez sa sœur et chez sa mère. Il m'avait dit qu'il me les donnerait avec plaisir car il comprenait que c'était un moment particulier dans notre vie. Je me souviens qu'il avait aussi ajouté dans son français mâtiné d'italien : « je trouve que ce que tu fais est très beau car tu travailles à ramener la mémoire de cette histoire ». Il m'avait prévenue qu'il n'avait photographié qu'un convoi, celui du 18 juin, car très vite ensuite il avait posé son appareil pour donner un coup de main concret aux humanitaires.

Il m'avait raconté avoir perdu de vue Alexis et Deanna depuis deux décennies et que c'était suite à ma démarche qu'ils l'avaient recontacté. Lors de cette conversation téléphonique, l'Italie était encore partiellement confinée mais il m'avait promis que dès que possible il irait récupérer le carton qui dormait depuis longtemps dans le garage de sa sœur, laquelle habitait un village voisin de Milan, pour les numériser et faire une sélection à m'envoyer. Nous étions alors début 2021.

Pourtant, lorsqu'il est arrivé à Bordeaux, en septembre 2021, soit plus de huit mois après, il m'apportait le livre de photographies qu'il avait faites de la ville de Milan durant le confinement, rues désertes et silencieuses, mais aucune des diapositives du Rwanda que j'espérais. J'étais allée chercher Deanna à la gare, trois heures avant l'arrivée du photographe à l'aéroport. Quand je lui avais annoncé que, quelques jours plus tôt, en réponse à mon message inquiet, Mauro m'avait avoué qu'il n'avait pas pu aller chercher le fameux carton de 1994, l'ancienne humanitaire avait exprimé sa surprise et une déception au diapason de la mienne.

J'ai tenté, sans froisser le photographe cependant, mettant toute mon énergie à être une bonne hôtesse, d'insister sur mon besoin viscéral de voir ces images. Quand nous nous sommes quittés il a une fois de plus promis de faire le nécessaire. Les photos se trouvaient quelque part dans les nombreux cartons qu'il avait entreposés au fil des ans chez ses proches en raison de ses nombreux déménagements.

Durant les mois qui suivirent il m'envoya régulièrement des photos des reportages qu'il faisait dans des lieux superbes, mais nulle image du convoi. Je rongeais mon frein mais gardais la communication ouverte.

Pourquoi mettait-il tant de temps ? C'était pourtant bien lui qui avait reconnu que c'était « un moment particulier dans votre vie »...

Après une nouvelle relance, il me promit qu'il s'en occuperait après les fêtes de Noël.

Milan – Bordeaux, printemps 2022

C'est finalement en mars que je reçois enfin un message m'annonçant qu'il a sélectionné 76 diapositives qu'il va faire numériser. Une semaine plus tard, il m'envoie un lien pour télécharger les photos. J'ouvre le fichier, le cœur battant. Il y a là des dizaines d'enfants photographiés à l'école sociale de Butare, dans les camions du convoi, à la frontière ou dans le camp de transit au Burundi. Sur quelques rares photos, je parviens à déchiffrer les noms inscrits sur les étiquettes épinglées à leur poitrine : Emmanuel Bigilimana, Alain Ntwali savent-ils que des photos d'eux dormaient dans un carton en Italie ? Le portrait de profil d'un petit garçon dont la terrible maigreur empêche qu'on lui donne un âge retient particulièrement mon attention : l'enfant a la joue gauche totalement entaillée. Le coup de machette qu'il a dû recevoir a aussi coupé en deux le pavillon de son oreille. L'étiquette indique qu'il s'appelle Éric Shema. A-t-il survécu à toute cette violence ? Où peut-il bien être aujourd'hui ? Le premier visionnage des photos, tout émouvant qu'il est, me fait pourtant déchanter : je ne reconnais nulle part le visage de ma mère ou le mien. Quand je l'annonce à mon mari, il me demande de voir les photos. Et c'est là, en les faisant défiler à nouveau sur l'écran de mon ordinateur, que mon œil est attiré par deux silhouettes sur une photo montrant un grand groupe d'enfants qui traversent la frontière, dans le *no man's land* séparant les barrières entre le Rwanda et le Burundi.

Le cliché a été pris à contre-jour, les visages des enfants – une quarantaine – sont très sombres, ils marchent sur la route vers le photographe, donc vers le Burundi. À droite, sur un terre-plein qui sépare cette route de celle qui entre dans mon pays, il y a un grand panneau annonçant : « Le Rwanda vous souhaite la bienvenue ». Quelle ironie ! Dans la foule des petits enfants, qui ont tous une étiquette blanche agrafée au vêtement sur la poitrine, je distingue clairement deux hommes blancs, l'un, de profil, grand, chemise et pantalon clair, bob sur la tête, l'autre, plus petit, en short et t-shirt bleus. Je n'ai aucun souvenir d'eux, sans doute faisaient-ils partie du comité d'accueil venu de Bujumbura.

À chaque clic de souris, l'image perd en netteté mais le zoom me donne l'impression d'avancer vers le fond de la photo, là où mon doigt tremblant désigne à mon mari les deux silhouettes qui m'ont fait sursauter : « Là ! C'est maman et moi ! »

Il faut le savoir pour le voir. Mais je sais. Deux personnes très minces, l'une a la peau claire, les cheveux attachés et une frange bouclée, l'autre a une afro tenue par un foulard coloré et surtout elle est vêtue du pull de survêtement rouge que portait ma mère lors de la traversée. Oui, c'est nous, j'en suis certaine.

D'un seul coup le ressentiment que j'avais développé à l'égard de Mauro s'évanouit ; qu'importe qu'il ait tardé à numériser les diapositives, ça valait bien la peine d'attendre ! Je l'appelle immédiatement, lui exprime ma gratitude. Je lui demande toutefois, dans la mesure où il m'avait dit qu'il « avait fait une sélection », s'il a d'autres photos de cette série. Je propose de me déplacer à Milan pour venir faire moi-même le travail de numérisation et lui éviter la moindre perte de temps. Il me dit que c'est tout ce qu'il a.

Je n'insiste pas, sur le moment, et reviens à l'observation de cette photo. Elle a encore des choses à me révéler. À gauche, toujours en zoomant, au bord de la route goudronnée, pratiquement sur la même ligne horizontale que ma mère et moi, se détache faiblement un petit groupe de Blancs. Je les reconnais. Deux d'entre eux ont les cheveux clairs, blonds ou roux, l'un a un casque sur la tête et une perche à la main, l'autre est penché sur une grosse boîte noire. Tony le preneur de son et Glenn le cameraman. Le troisième homme se tient à un mètre d'eux, il est brun, porte des lunettes de soleil et la même chemise bleu clair que Fergal dans le reportage de *Panorama* de la BBC.

La caméra est dirigée précisément vers la guérite que nous venons de passer avec maman. Il n'y a pas de doute, ils ont dû nous filmer. Même si elle n'existe plus, qu'elle est restée à l'état de rushes dans un carton oublié, même si elle a été jetée après sa diffusion dans un journal télévisé quelques jours après le 18 juin, cette scène que je recherche depuis presque quinze ans a bien été filmée.

Je n'ai pas rêvé tout cela, ni les personnes qui ont affirmé nous avoir vues à la télévision en juin 1994.

Mauro m'a dit qu'il n'avait pas d'autres diapositives de la série. Pourtant j'ai l'impression que j'ai déjà vu cette photo quelque part… Il me faut quelques minutes à peine pour que le souvenir me revienne. Elle était dans un article publié par une revue italienne dont Deanna m'avait envoyé les pages scannées quelques mois auparavant. J'ignore à ce moment-là la date de parution et jusqu'au nom du magazine, qui ne figurent pas sur les pages scannées qui me sont parvenues. Est-ce vraiment la même ? L'article, signé de Mauro et Patrizia, s'intitule « Rwanda : journal intime d'un sauveteur d'enfants ». Il contient plusieurs photos, dont une, un peu plus grande qu'une carte de crédit, prise sous le même angle que celle de la série que vient de m'envoyer l'Italien.

Quand j'avais reçu la copie de la revue, je n'avais pas regardé assez attentivement cette image, je m'étais concentrée sur les autres photos, plus grandes, et m'étais surtout attelée à faire traduire le texte depuis l'italien. Mais ce soir de mars 2022 je la reconsidère intensément, en la comparant avec celle que j'ai reçue il y a un instant. Ça n'est pas exactement la même. Mauro a dû les prendre à quelques secondes d'intervalle. Il y a beaucoup moins d'enfants sur la deuxième image, car la plupart ont sans doute déjà atteint la barrière du Burundi ; le jeune Blanc au short bleu est quasiment au premier plan désormais, il porte un petit dans les bras ; ma mère et moi avons bien avancé de cinq pas vers le photographe. Il semble que j'aie un pull jeté sur les épaules, pardessus un t-shirt blanc, j'ai la main droite levée vers la bouche, comme pour empêcher un bâillement ou dans un geste de sidération. Si je réussis à obtenir l'original de cette photo, en plus grand format et de meilleure qualité, c'est certain, je pourrai clairement voir nos visages, nos gestes.

Je laisse passer un peu de temps et récris au Milanais, insistante cette fois-ci : es-tu sûr que tu n'as pas d'autres photos de cette série, celles qui, par exemple, ont été publiées dans la presse ? « Non, je t'ai tout envoyé, il faudrait que tu demandes à Terre des hommes, je leur avais donné la totalité de mes diapos. »

Je décide alors de retourner chercher du côté de la BBC. Sur la photo envoyée par Mauro, j'ai bien distingué l'équipe de journalistes filmant la barrière que nous venions de passer. Nul doute qu'ils nous aient capturées.

Mais avant cela, j'envoie les photos aux quelques enfants des convois avec lesquels je suis en contact afin qu'ils puissent voir s'ils s'y retrouvent. Seule Claire me répond qu'elle a reconnu sa petite sœur Dadi, sur un des rares portraits individuels. La petite fille, qui doit avoir 11 ou 12 ans, est vêtue d'une blouse en pagne avec un pull-over mauve et noir noué sur les épaules. Elle a, agrafée sur la poitrine, une étiquette visiblement tapée à la machine où son nom est bien lisible. On retrouve Dadi sur une autre photo de groupe, juste après qu'elle a passé la première guérite de la frontière.

J'ai retrouvé Claire par un hasard comme seul le destin sait en offrir, à l'automne 2005. Je venais de m'installer à Ottawa, suivant mon mari qui y faisait un post-doctorat au Conseil national de recherche du Canada. J'avais rendez-vous dans le centre commercial de la rue Rideau avec une Rwandaise qui revenait du pays où quelqu'un lui avait confié une lettre pour moi. C'est là, dans un des immenses couloirs de ce mall, que Claire nous a trouvées. Elle a salué la jeune femme qu'elle connaissait puis, en me tendant la main, s'est exclamée : « Je connais cet enfant, mais d'où ? » Quelques secondes ont été nécessaires pour que le souvenir nous ramène à juin 1994, au temps où elle et ses sœurs m'avaient accueillie dans le dortoir de l'école sociale.

Claire Umutoni, surnommée « Fifi »
(convoi du 3 juillet 1994)
et ses sœurs : Alice et Noëlla
(convoi du 3 juillet 1994),
Marie-Chantal, surnommée « Dadi »
(convoi du 18 juin 1994),
et Josette
(probablement convoi du 6 juin 1994)

En 1994, Claire (surnommée Fifi par ses proches depuis l'enfance) a 17 ans, elle est l'aînée d'une fratrie de cinq filles. Avec leurs parents, un couple de la classe moyenne supérieure, elles vivent à Rango, un des quartiers résidentiels de la proche périphérie du centre de Butare.

Lorsque le génocide commence, leur oncle et tante de Kigali parviennent à envoyer quelques enfants, chez eux. Ils pensent alors que les tueries n'iront pas jusqu'à la préfecture du Sud réputée si modérée. Mais un jour le père reçoit un appel anonyme de quelqu'un qui lui dit « ton heure est arrivée, nous allons venir chez toi » alors que les maisons de Tutsi de la colline en face de la leur commencent à être brûlées. Les parents décident alors d'exfiltrer les enfants et de les envoyer trouver refuge chez une tante (la veuve de l'oncle paternel, qui vit en couple avec un Suisse, le dénommé Sunnier).

Fifi m'a raconté, lors d'une récente soirée à Ottawa passée à nous remémorer ces heures terribles, comment leur mère a accompagné le groupe d'enfants jusqu'au marché de Rango avant de le confier à l'aînée. Fifi se souvient toujours, trente ans après, des vêtements que portait sa mère, de son dernier regard désespéré avant leur séparation.

Lorsque la famille Sunnier est évacuée par Costa et Alexis quelques semaines plus tard, ces derniers conduiront Claire et les autres enfants au Groupe scolaire.

Leur survie dans ces lieux est terriblement précaire, chaque jour les miliciens viennent tuer et il y en a parmi eux pour savoir que les filles de Pierre Rwakayonza sont réfugiées là. Il faut louvoyer, répartir les petites sœurs et cousins dans différentes salles et se cacher quand une bonne âme la prévient à l'avance d'une attaque. Claire entendra aussi dire qu'elle et les siens ont pu être protégés par le fait qu'Alexis les avait confiés en personne au responsable du centre. Ce dernier, un Hutu, avait pris ce « poste » après le massacre de son directeur (de la Croix-Rouge) et avait dès lors tout intérêt à collaborer avec Terre des hommes, d'autant qu'Alexis lui offrirait ensuite un emploi de gestion du centre à l'école sociale.

Lors de la première évacuation, le 5 ou 6 juin, partie du Groupe scolaire, Claire et ses sœurs se glissent dans les camions. Arrivées à la frontière, seule la plus petite, Josette, âgée de 12 ans, parvient à se fondre dans un groupe admis à traverser. Fifi garde un souvenir très amer de cette nuit. Elle voit alors des plus âgés qu'elles être ajoutés sur les listes par un des animateurs de l'orphelinat qui fait passer ses sœurs, femmes de militaires hutu, pour des encadrantes à évacuer. Devant le groupe des refoulés, elle se souvient que c'est un officier (je suppose qu'il s'agit du colonel Munyengango) qui autorise que leur retour se fasse sous protection et les accompagne jusqu'à l'école sociale pour éviter la mort certaine qui les attendait au Groupe scolaire. Le groupe passe sa première nuit à l'école sociale dans les voitures car personne n'a les clés des locaux.

Fifi m'a raconté comment, dès le lendemain matin, Faustin Rutayisire, un professeur de l'école (qu'elle connaissait bien dans la mesure où c'est le lycée qu'elle fréquentait avant le génocide), est venu s'installer dans le bureau de la direction pour mener des interrogatoires auprès des réfugiés. Il avait été nommé sous-préfet de la ville par le gouvernement extrémiste. L'objectif de cet homme était de démasquer qui dans le groupe était tutsi, afin de les remettre aux miliciens qui les exécutaient de l'autre côté du portail de l'institution. Claire se retrouve dans la liste des personnes à exécuter : Rutayisire a été son professeur de mathématiques, il n'a aucun doute sur son « ethnie ». Mais les tueurs sont fatigués ce jour-là et le sous-préfet rentre chez lui en disant aux condamnés qu'ils s'occuperont d'eux le lendemain. Cette nuit-là, Alexis Briquet, qui avait accompagné le groupe évacué au Burundi, revient à Butare. En apprenant la tuerie perpétrée à l'école, il décide d'y rester jusqu'à ce qu'il ait sécurisé les lieux.

Il leur a également rapporté de quoi apaiser leurs ventres affamés. Fifi est convaincue que c'est sa présence qui a empêché les tueurs de revenir.

Josette, la sœur qui a pu traverser la frontière, a été récupérée à Bujumbura par des amis de la famille qui lui ont évité l'envoi dans un camp au Zaïre.

La deuxième sœur à quitter le pays est Marie-Chantal, surnommée Dadi. Elle a en effet moins de 12 ans et peut faire partie du convoi du 18 juin. C'est à ce jour la seule que l'on peut voir sur les quelques photos que j'ai retrouvées.

Les trois aînées et leurs cousins resteront à Butare jusqu'à l'évacuation finale.

Après le génocide, les sœurs retournent au Rwanda. Fifi se retrouve cheffe de famille, même si quelques parents revenus de l'étranger sont là. La troisième sœur, Noëlla, a d'importants problèmes de santé. Elle ne parviendra malheureusement pas à obtenir les soins nécessaires et mourra quatre ans plus tard.

Alice est la première à partir faire ses études à l'étranger. Elle vit et travaille aujourd'hui à Bruxelles, y a fait sa vie avec un de mes voisins et amis d'enfance. Ils ont deux enfants.

Quand j'ai retrouvé Fifi au Canada en 2005, elle était déjà mariée et avait eu son fils aîné. Après avoir terminé ses études, elle a trouvé un poste dans la fonction publique fédérale et travaille actuellement au cabinet du Premier ministre du Canada. Elle vit avec son mari et leurs trois enfants dans la ville francophone voisine d'Ottawa. Elle a fait venir Josette auprès d'elle ; seule Dadi vit encore au Rwanda.

Fifi est une de ces adolescentes qui ont courageusement veillé sur leur fratrie durant et après le génocide, et elle garde aujourd'hui vive la mémoire de la famille et son unité. Elle s'est battue pour retrouver et inhumer les restes de leurs parents à Butare, a reconstruit la maison familiale pour que leur passé ne soit pas totalement effacé. C'est une femme impressionnante et je ne doute pas qu'elle pourra prochainement raconter à son tour et à la première personne son parcours exceptionnel.

Bordeaux – Londres, printemps 2022

Après la découverte de la photo de Mauro sur laquelle on distingue l'équipe de la BBC nous filmant sur la frontière, je décide de chercher de nouveau des images du côté des archives de la chaîne britannique.

En juin 2021, Fergal et sa compagne française Alice Doyard, réalisatrice de documentaires multiprimée, sont venus me filmer à la maison pour un documentaire sur le syndrome post-traumatique dont souffre le grand reporter. J'ai accepté de témoigner de notre rencontre au Rwanda, durant le génocide, de la façon dont j'avais retrouvé Fergal à Londres et de ma reconstruction post-génocide.

Je n'avais pas revu Fergal depuis 2009, même si nous avions échangé quelques nouvelles ponctuellement, essentiellement par écrit.

Le documentaire est diffusé au printemps 2022 dans le programme *Horizon* de la BBC. Comme son titre l'indique – *Fergal Keane: Living with PTSD* –, il s'agit du récit du journaliste irlandais sur le trouble psychique qui empoisonne sa vie depuis plus de deux décennies.

Mon mari parvient à me trouver un moyen de visionner le film sur le site de la BBC. Dans le train qui l'emmène à Bordeaux, j'y vois Fergal regardant pour la première fois depuis 1994 le reportage qu'ils ont tourné à Butare durant le génocide, et je comprends que c'est pour lui un exercice douloureux mais nécessaire.

À la suite de nos retrouvailles filmées, il présente la conversation que nous avons eue comme une source d'inspiration. Il dit que ce que je lui ai dit sur la nécessité de se confronter au passé tout en faisant de la place pour les belles choses qu'offre la vie pourra lui servir dans son propre processus de soin.

Je le sais encore fragile, alors c'est à Alice que j'écris pour lui parler de la certitude nouvelle que m'a apportée la photo de Mauro.

Dans un message envoyé six mois auparavant et resté sans réponse, je lui avais demandé si elle pouvait faire des recherches dans les archives de la BBC, où je me dis qu'elle doit pouvoir facilement entrer, pour vérifier si les rushes du film de *Panorama* ont été conservés.

Je la relance donc au printemps 2022, en lui envoyant la photo de Mauro et en l'informant que je vais contacter Rizwana Hamid, la journaliste qui avait organisé le reportage à Butare, et qui elle, aussi, témoignait dans le documentaire *PTSD*.

Alice me répond cette fois-ci directement, depuis l'Ukraine où elle est en tournage :

> *Fergal, moi et la super documentaliste/assistante productrice du film sur le PTSD avons cherché avec ferveur les images que tu évoquais.*
>
> *Nous avons consulté les archives BBC, visionné des heures de rushes, mais nous ne les avons pas trouvées.*
>
> *Cela ne veut pas dire qu'elles n'existent pas quelque part.*
>
> *Mais notre démarche de notre côté n'a pas abouti.*
>
> *Je suis désolée de ne pas t'avoir répondu plus précisément plus tôt sur ce sujet. J'aurais préféré t'apporter une bonne nouvelle.*

Rizwana Hamid, de son côté, me suggérera de remplir un formulaire en ligne que la BBC a mis en place pour les personnes qui souhaitent récupérer une copie d'un reportage de la chaîne dans lequel ils figurent.

Je le fais, mais sans succès.

Quant à Glenn, le cameraman sud-africain, le message que je lui envoie sur Instagram demeure sans réponse.

Je me demande si je ne commence pas à enquiquiner les gens avec mon histoire.

Reste Tony, qui demeure toujours disponible. Quand je lui relate tous mes déboires, il se dit surpris que ses collègues en Europe n'aient rien trouvé et conclut, résigné, que les images que je cherche ont peut-être fini dans une poubelle car les médias ont jeté beaucoup de cassettes au moment du passage au digital.

Bordeaux – Lausanne, été-automne 2022

C'est un moment particulier dans ma quête. Je suis envahie par des sentiments contradictoires. Tristesse de devoir mettre un point final aux recherches du côté de la BBC, joie d'avoir trouvé la photo de Mauro publiée dans un magazine italien en 1994, même floue et mal cadrée, mais aussi frustration de penser que quelque part – mais où diable ? – il y en a d'autres, plus lisibles.

Pourquoi ne pas me contenter de ce que j'ai trouvé ?

Le fait d'être la seule à pouvoir affirmer avec certitude que c'est bien ma mère et moi qui figurons sur cette image me donne-t-il une impression d'inachèvement ? On distingue à peine nos têtes dans le groupe. Toute personne méconnaissant l'histoire pourrait me dire : qu'est-ce qui me prouve que c'est bien vous, là ?

Et puis et il me faudra encore un temps pour identifier précisément mon attente, pour comprendre que si je tiens tant à retrouver cet original, c'est que je souhaite lire précisément nos visages à ce moment où nous passons du côté de la vie. Expriment-ils la peur que nous avons des militaires et miliciens que l'on devine en arrière-fond, de ceux qui nous regardent leur échapper ? Expriment-ils du soulagement ? de la joie ? Lorsque nous nous sommes parlé au téléphone, Alexis Briquet m'a dit qu'il se souvenait clairement de moi ce jour-là. Il a affirmé cette chose qui m'a semblé incongrue : il a dit qu'alors j'étais très souriante. Comment pouvais-je sourire dans ces moments terribles ? Je ne garde pour ma part que le souvenir d'une forte angoisse. Est-ce seulement à la fin du périple que je me suis détendue ? Est-ce au moment où nous sommes sortis du pays que je me suis mise à sourire ? Quelque part dans notre dos aussi je devine le profil d'Alexis. Je sais par le documentaire de la BBC qu'il est resté à la barrière un instant, au côté du préfet Nsabimana, à nous regarder nous éloigner. Ce sourire qu'il m'a attribué serait donc le dernier visage que j'ai offert à mon pays avant de le fuir ? Je veux en avoir le cœur net.

Je vais donc retourner frapper à la porte de Terre des hommes. En 2020, ma demande pour accéder à la liste des enfants du convoi n'avait pas abouti, mais peut-être me laisseront-ils au moins chercher cette photo ?

Au début de l'été 2022, je m'adresse à nouveau à la personne en charge des archives de l'ONG, à Lausanne. Je lui raconte mes dernières avancées, ma certitude qu'une photo existe. Je lui écris :

Je sais que vous m'avez déjà dit qu'il n'y avait rien que vous pouviez me transmettre à propos du convoi dans ce que vous aviez consulté des archives cantonales vaudoises. Mais peut-être que les photos sont conservées ailleurs ?

À moins que celles-ci ne se trouvent dans les bureaux de Terre des hommes Italie ? Auquel cas accepteriez-vous de me donner le contact de la personne à consulter pour les trouver ?

Quelque chose se met en branle, lentement.

Le chargé de gestion documentaire se rend une fois de plus aux archives du canton de Vaud pour tenter de trouver « ma » photo. Il m'écrit quelques jours plus tard pour me dire qu'il a pu retrouver la série produite par Parmesani, sous forme de collection de diapositives. Malheureusement, il est au regret de m'informer qu'il n'a pas retrouvé l'exemplaire exact de l'article de journal que je lui avais envoyé. Il dit que dans la collection, deux diapositives sont absentes avec, à leur ancien emplacement, un signet mentionnant un prêt à différents journaux de l'époque, et avance l'hypothèse que cette photo n'ait jamais été rendue à l'ONG. Il ajoute qu'il a pu néanmoins identifier quatre diapositives se rapportant de très près à l'instant où le groupe d'enfants franchit la frontière et qu'il a déposé une requête de reproduction auprès des archives cantonales afin qu'elles les numérisent et me les envoient par courriel prochainement. Il m'apprend dans le même message qu'il doit quitter son poste cette semaine-là et qu'à l'avenir je devrai communiquer avec une autre personne dans la structure.

De nouveau une déception suivie d'un nouvel espoir. Peut-être qu'un de ces quatre clichés qui me seront bientôt envoyés sera une image prise quelques secondes après celle qui a disparu ? Où nous serions, ma mère et moi, visibles au tout premier plan ?

De nouveau l'attente.

Un mois plus tard, une archiviste du canton de Vaud m'envoie un message pour me signifier que suite à un souci technique, la structure n'est plus en mesure de numériser la diapositive. Les photos ne pourront m'être communiquées qu'après résolution du problème.

Les quatre photos qui me sont envoyées deux semaines plus tard représentent bien des scènes de l'évacuation du 18 juin mais aucune ne fait partie de la série que j'ai reçue en mars de Milan.

Je ne vais pas abandonner si près du but.

Alors je m'enhardis à demander, maintenant que je suis directement en contact avec ceux qui ont la garde du trésor : « Pourrais-je venir moi-même consulter toutes les diapositives ayant trait au programme mené au Rwanda par Terre des hommes en juin 1994 ? »

Au terme d'une autre séquence d'échanges de courriels avec les archives du canton de Vaud et ma nouvelle interlocutrice au siège de Terre des hommes, celle-ci finit par m'écrire : « Nous ne pouvons hélas pas vous accorder l'accès au fonds d'archives pour des motifs de confidentialité. »

Ce refus aurait pu signer la fin de mon enquête, mais il m'apporte juste la dose de colère – comment peut-on m'empêcher d'avoir accès à une image de moi-même ? – qu'il faut pour que je prenne mon téléphone et appelle directement la dame à Lausanne.

Celle-ci va longuement m'écouter défendre mon cas. À la fin de mon monologue j'entendrai sa voix douce à l'accent helvétique traînant me dire qu'elle va plaider pour moi auprès de sa direction et demander qu'on me laisse exceptionnellement accéder aux archives.

J'ignore ce qui a pesé en ma faveur. Est-ce le récit d'une quête de plusieurs années, mon statut d'écrivaine ayant un peu de visibilité publique, le projet de livre que j'ai évoqué ? Est-ce parce que cette femme, dont j'apprendrai plus tard qu'elle s'est longtemps occupée du suivi des données concernant les enfants adoptés en Suisse grâce à Terre des hommes, est plus sensible que mon précédent interlocuteur ? Je l'ignore. Je ne cesse de me dire cependant qu'un autre se serait peut-être vu confirmer le refus, s'il n'avait eu mes arguments d'écrivaine, s'il n'avait été en mesure de prendre un avion ou un train pour se rendre à Lausanne. Je pense que les obstacles à surmonter auraient pu en décourager plus d'un.

Au printemps 2023, enfin, je suis en mesure d'aller au siège de l'organisation humanitaire et surtout aux archives du canton de Vaud.

Entre-temps, deux rencontres essentielles auront renforcé ma détermination à chercher et trouver les traces de nos histoires, les trouver pour mieux les partager.

Kigali, printemps 2023

Damas Dukundane (convoi du 3 juillet 1994)

Début mars, je me rends au Rwanda à l'invitation des Rencontres du livre francophone. J'en profite pour rencontrer Damas Dukundane, un médecin de Kigali dont mon amie l'historienne Hélène Dumas m'avait parlé en me disant que c'était un des enfants rescapés de Kaduha pris en charge par Terre des hommes vers la fin du génocide, après avoir été sauvés par une religieuse allemande, sœur Milgitha. Ma cousine Rafiki, qui a travaillé avec Hélène pour le recueil de témoignages de certains des rescapés de Kaduha, me donne le contact de Damas dès mon arrivée à Kigali. Je sais que son groupe d'enfants est arrivé à Butare après le 18 juin 1994 et que nous n'avons certainement pas été en contact dans les locaux de l'école sociale. Cependant je souhaite partager avec lui les souvenirs de ces semaines-là et entendre comment la dernière évacuation s'est déroulée.

Nous nous retrouvons après sa journée de travail dans un salon de thé du centre de Kigali. Mince, d'allure encore très jeune, il a une voix douce, un sourire teinté de tristesse et des gestes qui laissent deviner un praticien attentionné.

Ma cousine m'a déjà raconté qu'il est, comme elle, le seul survivant de sa famille nucléaire. Damas Dukundane avait 11 ans en 1994. Il avait trouvé refuge avec sa mère et ses petits frères et sœurs à l'église de Kaduha en avril. Il a eu la présence d'esprit de les quitter juste avant le massacre dans ces lieux. Resté seul, il a longtemps erré dans les environs de l'église et du centre de santé de Kaduha, terrorisé au début, résigné ensuite. La série de situations qui l'ont mis si souvent à deux doigts de la mort, sans l'emporter, tient du miracle. La première fois qu'il s'est présenté à la porte de sœur Milgitha pour demander asile, elle n'a pu le recevoir car les militaires étaient présents et cela aurait mis en danger tous les autres enfants qu'elle accueillait déjà. Il a passé ses nuits recroquevillé dans des talus, ses journées juché sur les branches des arbres d'où il observait les miliciens en action. Un jour, sans doute épuisé et désespéré – je l'imagine en haillons et terriblement amaigri –, il s'est effondré près d'un barrage de miliciens. S'est alors joué le genre de scènes macabres et ubuesques que beaucoup ont rapportées de ces mois-là. Les miliciens ont dit à celui d'entre eux qui se vantait d'être le plus grand tueur de la colline : « Chiche que tu abats celui-ci d'une pichenette ! » Un défi absurde. L'enfant était si misérable que les tueurs n'avaient jusqu'alors même pas daigné lever leurs machettes sur lui, convaincus qu'il allait vite mourir de faim. Mais ce jour-là, le pire d'entre eux, celui au palmarès le plus odieux, au lieu de l'achever, fit quelque chose d'étrange : non seulement il l'épargna, mais, le saisissant par la peau du cou comme on le ferait d'un chiot, le porta jusqu'à la porte de la religieuse allemande afin qu'elle le recueille.

Et quand celle-ci se résolut à quitter le pays, Damas figurait sur la liste des 60 enfants remis à Terre des hommes pour que cette ONG les protège.

Ce soir de 2023, près de vingt-neuf ans après les faits, quand je parle à Damas d'Alexis Briquet et lui montre une photo de ce dernier, il dit qu'il se souvient de lui mais ajoute : « Je sais qu'il est allé témoigner à la demande des avocats du préfet génocidaire. » Je lui raconte les conditions dans lesquelles tout cela s'est passé, lui explique combien, malgré cet épilogue dont je comprends combien il peut être choquant pour les rescapés, Alexis a été un homme de bien. Damas sourit, sans rancune.

Il nous raconte que lorsqu'il reçoit un prisonnier génocidaire dans sa consultation d'oncologie, il redouble de précautions pour bien l'ausculter, le soigner, afin qu'on ne puisse pas l'imaginer mû par un quelconque esprit de vengeance.

Nous regardons ensemble les photos du génocide de Kaduha (prises par sœur Milgitha) que nous a confiées Hélène Dumas. Il ne se souvient pas des dates, dit qu'il avait alors perdu la notion du temps. Après leur évacuation de Butare, début juillet 1994, il a passé quelques mois dans le centre géré par Terre des hommes au Burundi. Puis un jour, il est revenu au Rwanda, et alors une nouvelle vie a commencé pour lui, celle d'un orphelin-survivant, dans une solitude sans nom.

Son père n'était pas à Kaduha au moment du génocide. Les gens lui ont proposé tout un tas de versions différentes de sa mise à mort. Il ne saura jamais laquelle est la plus proche de la réalité. Aujourd'hui, il est marié et père de trois jeunes enfants avec lesquels il passe beaucoup de temps.

Alors que je lui montre les photos que j'ai réussi à obtenir de Mauro, il me raconte qu'il a, à une époque, entrepris une démarche similaire à la mienne. Au fur et à mesure de son récit, je sens un sentiment de reconnaissance unique me submerger. J'ai l'impression, enfin, de ne plus être seule dans ma quête de photos.

Damas commence par me montrer sur son ordinateur portable un article tiré d'un journal américain publié le 21 juillet 1994. En le voyant, je m'exclame : « Je le connais, je l'ai aussi trouvé sur internet au début de mes recherches ! » Il m'indique du doigt son nom vers la moitié du papier : « J'étais un des enfants interviewés par le journaliste. » L'homme en question est un Américain : William M. Pull[1]. Dans son texte, Bill Pull raconte avoir passé du temps dans un entrepôt industriel de Bujumbura transformé à la hâte en centre d'accueil pour environ 300 enfants amenés au Burundi par Terre des hommes. Il donne la parole à un adolescent hutu qui a été évacué avec les autres handicapés du centre de Gatagara, à une fille tutsi survivante du génocide de Butare. De Damas, il écrit que son histoire est une des plus tristes. Sous sa plume, l'enfant dit espérer rentrer au Rwanda quand ça sera possible, pour faire des études de mathématiques. Le reporter ne manque pas de se mettre aussi en scène : il dit que les enfants, quoique silencieux et peu souriants, entourent le visiteur qu'il est afin qu'il les serre dans ses bras.

J'interroge Damas du regard. Il m'explique qu'il se souvient très bien de ce journaliste, que

1. Le nom a été modifié.

les enfants, qui ne parlaient pas anglais, l'avaient surnommé « Mister All Right » parce que lui et son épouse photographe, Brenda Pull [1], leur demandaient de prendre des poses pour des photos et que chaque fois qu'ils étaient contents de la prise, l'homme leur disait « All right ! ».

De nombreuses années plus tard, Damas, devenu médecin, a fait à Kigali la connaissance d'une journaliste travaillant pour le même journal américain que Bill Pull en 1994. C'est elle qui lui a parlé de l'article de 1994 dans lequel il était cité. C'est ainsi qu'il a connu le vrai nom de « Mister All Right ». Il n'a pas eu beaucoup de mal à le trouver sur Facebook et est rapidement entré en contact avec lui. Damas me raconte alors que Bill Pull et lui ont communiqué plusieurs fois *via* la messagerie du réseau social. Le Rwandais lui a demandé de lui envoyer les photos que le couple avait prises de lui. Mais l'Américain, au lieu de le faire, lui a envoyé un lien vers la page Amazon du livre qu'il avait écrit sur l'Afrique. Au lieu de se donner la peine de chercher ces photos dans ses archives, il l'invitait à acheter et à lire son livre ! Puis, quand Damas s'est montré insistant, Pull l'a renvoyé vers Brenda, sa femme : « Demande-la en amie sur Facebook et écris-lui. » Auprès de celle-ci, le jeune médecin a eu encore moins de succès : elle

1. Le nom a été modifié.

ne lui a tout simplement jamais répondu, alors que son compte était bien actif.

Cette histoire m'a sidérée.

De retour en France, je suis allée voir le CV en ligne de Bill Pull pour me faire une idée du personnage. Après ses débuts dans le journalisme, notamment au Rwanda et au Burundi, il a passé une thèse de doctorat en sciences politiques, avant de devenir enseignant-chercheur dans une université du sud des États-Unis, travaillant sur les questions de droits humains et de militantisme en Afrique. Depuis quelques années, son nouveau champ de recherche concerne les migrants africains en Europe, et notamment ceux qui fuient les pays en guerre.

Sur son compte Facebook, il s'affiche bras dessus bras dessous avec ceux qu'il présente comme « mes amis africains », des militants de droits humains au Kenya ou de jeunes réfugiés subsahariens en Italie. Je vois aussi qu'il vit toujours avec Brenda, dont la carrière photographique est florissante, et qu'il aurait très bien pu lui dire, le soir au dîner : « Il faudrait qu'on cherche dans nos cartons les photos des enfants rwandais que nous avons prises en 1994, et qu'on envoie son portrait au jeune gars qui nous l'a demandé. »

Mais rien.

« Achète mon livre sur Amazon. »

Je me souviens alors que Tony Wende m'a dit la même chose quand nous nous sommes parlé, deux ans auparavant. J'ai acheté les récits de ses aventures journalistiques [1], afin de lire les quelques chapitres où il parlait du Rwanda. Mais lui m'a envoyé les quatre photos du convoi dont il disposait, m'a transmis le lien vers l'article où il parlait de mon message de 2009 [2], et il a aussi pris le temps de me raconter au téléphone, très ému, les quelques souvenirs qu'il gardait du convoi.

Je me suis penchée sur le contenu du livre que Bill Pull voulait refourguer à Damas, pour découvrir qu'outre une présentation caricaturale de l'histoire du Rwanda, le chercheur avait choisi, pour illustrer le génocide contre les Tutsi, de raconter l'histoire… d'un Hutu démocrate rencontré en exil au Kenya en novembre 1994 !

Bill et Brenda n'ont jamais daigné dire à Damas s'ils avaient ou non des photos de lui dans leurs archives, ils ne les ont même pas cherchées. Je suppose qu'ils font partie de ces Occidentaux qui disent

---

1. Hamilton Wende, *Deadline from the Edge: Images of War – Congo to Afghanistan*, Penguin Books (South Africa), 2003 (puis auto-édition 2019).

Hamilton Wende, *True North : African Roads less Travelled*, William Waterman Publications, 1995 (puis auto-édition 2019).

2. https://mg.co.za/article/2011-08-05-murder-and-memory-in-rwanda/.

aimer beaucoup l'Afrique mais ne l'aiment que si les Africains restent bien sagement dans les rôles assignés et laissent les étrangers raconter leurs histoires à leur place.

En quittant Damas, j'ai pensé à ces mots lus quelques années plus tôt dans le beau roman *Près de la mer* d'Abdulrazak Gurnah, paroles désabusées d'un exilé africain en Europe imaginant un personnage de l'espèce des Pull : « Un expert de ma région, quelqu'un qui a sans doute écrit des livres sur moi, qui sait tout sur moi, plus que je ne sais moi-même. [...] Il se sera glissé à maintes reprises dans ma région, des dizaines d'années durant, afin de m'étudier, de me coucher sur le papier, de m'interpréter, de me résumer, sans que j'aie eu conscience, pour ma part, de son existence affairée [1]. »

Damas, lui, a une conscience précise d'avoir été un jour l'objet d'une bonne histoire à raconter. Mister All Right n'avait simplement pas prévu que le petit orphelin rwandais deviendrait un brillant médecin connecté et trilingue, capable de venir un jour lui réclamer ce qui lui avait été pris : une image, un pan de mémoire personnelle.

1. Abdulrazak Gurnah, *Près de la mer*, Galaade éditions, 2006.

Quelques jours après cet entretien avec Damas, j'effectue une visite au Mémorial du génocide de Gisozi avec un camarade écrivain sénégalais, invité comme moi au Salon du livre de Kigali. Vers la fin de la visite, alors que je l'attends près de la sortie de la dernière salle, j'engage la conversation avec un employé des lieux. J'ai remarqué que les panneaux sur le génocide des Arméniens, qui étaient autrefois dans la salle sur les autres génocides, ne sont plus là, et je souhaite savoir pourquoi. L'homme me dit qu'ils sont en train d'être mis à jour, je n'insiste pas, consciente que ça peut être un sujet délicat, au vu de l'influence diplomatique de la Turquie dans le pays. Devant mes autres questions, le guide finit par me demander comment je peux si bien connaître le sujet du génocide. Quand je lui dis que je suis une rescapée de Butare, il insiste pour me présenter un de ses collègues dont il me dit qu'il a survécu dans la même ville. J'hésite à le suivre, craignant de faire attendre le camarade Mbougar Sarr qui termine sa visite.

C'eût été une erreur, car alors je n'aurais pas rencontré cet autre employé : Willy Wasungu. Comme chaque fois que des survivants font connaissance, la conversation porte très vite sur nos conditions de sauvetage. Quelle n'est pas ma surprise d'apprendre alors que ses sœurs et lui ont fait partie des enfants des convois de Terre des hommes !

Willy Wasungu, Delphine Umuhoza et Joseline Umubyeyi (convoi du 18 juin 1994)

En 1994, Willy était âgé de 9 ans. Il avait deux sœurs, l'une de 10 ans, l'autre de 5 ans, ainsi qu'un petit frère encore au sein.

Lorsque le génocide a commencé, leur père Gakwaya, un Tutsi lettré de Butare, a rapidement été tué. La mère, elle aussi tutsi, est allée demander refuge chez sa sœur, dont le mari n'était autre que Joseph Kanyabashi, premier édile de la commune.

Willy dit ne pas se souvenir clairement des évènements qui les ont amenés jusqu'au centre de Terre des hommes mais m'invite à contacter sa grande sœur, Delphine Umuhoza, qui, m'explique-t-il, attache comme moi une grande importance à la mémoire. Avant de nous quitter, il me confie que je porte le même nom, « Umubyeyi », que son autre sœur, et cela suffit à nous lier encore un peu plus au-delà de l'origine commune et de cette expérience partagée du convoi.

J'attends d'être rentrée en France, quelques jours après, pour passer un coup de fil à l'aînée de la fratrie. Delphine vit en Pays de la Loire depuis 2003. Elle est mariée et maman. Elle me raconte à son tour, mais avec bien plus de précisions, comment le mari de leur tante les a conduits à l'école sociale de Butare, comment leur mère est parvenue miraculeusement à rejoindre sa colline d'origine, avec son bébé sur le dos, à contre-courant du flot de réfugiés hutu qui quittaient la région devant l'arrivée de l'armée du FPR.

Nous ne parlons pas de cet oncle bourgmestre qui les a en partie sauvés en les confiant aux humanitaires mais qui allait être arrêté dès 1995 pour être déféré devant le Tribunal pénal international d'Arusha. Initialement condamné à 35 ans de réclusion pour génocide, Kanyabashi a vu sa peine réduite en appel, les juges maintenant uniquement sa responsabilité pénale pour incitation directe et publique à commettre le génocide au moyen d'un mégaphone en mai et juin 1994 dans sa commune.

Lorsque Delphine me raconte leur convoi et m'en dit l'époque approximative, mes mains se mettent à trembler légèrement. Il se pourrait bien que cette fratrie ait été du même voyage que moi. Je lui parle des photos que Mauro a prise le 18 juin, veut-elle les voir ? Évidemment ! Je les lui envoie immédiatement et vingt minutes après, elle me renvoie une des photos montrant quatre rangées d'enfants debout sur un terrain de l'école sociale où sans doute les humanitaires les avaient assemblés avant le départ, photo sur laquelle elle a ajouté des flèches jaunes pour m'indiquer trois enfants. « C'est moi. Je me suis trouvée ! C'est Willy. C'est ma petite sœur. Merci beaucoup. »

Il m'est souvent arrivé de douter du bien-fondé de ma démarche. Je me suis demandé si chercher ses images ne pouvait pas sembler futile à certains, s'il n'aurait pas été plus judicieux d'investir mon temps et mon énergie dans d'autres combats pour la mémoire et la justice. En cette nuit du 19 mars 2023, les flèches jaunes tracées par cette survivante qui vient de retrouver enfin une archive personnelle de sa fratrie, juste avant leur traversée, me convainc que je ne fais pas cela en vain, que ma démarche n'est pas une lubie individualiste d'écrivaine trop occidentalisée.

Ces images nous appartiennent. Il est grand temps qu'elles nous reviennent.

Lausanne, printemps 2023

Quelques semaines plus tard, j'arrive à Lausanne, armée d'un cœur pirate, vibrant à l'idée que je vais peut-être y retrouver la totalité des 150 diapositives évoquées par Mauro et, parmi elles, la fameuse photo publiée par la revue italienne sur laquelle maman et moi sommes quasiment au premier plan.

L'employée de Terre des hommes qui a obtenu que me soient exceptionnellement ouvertes les portes des archives du canton de Vaud n'est plus là mais elle a pris le soin de me mettre en contact avec un autre salarié de l'ONG, Jean-Luc Imhof, qui devient un nouvel allié précieux dans ma quête. Lorsque le génocide a commencé en 1994, Jean-Luc travaillait pour le CICR au Rwanda depuis un an. Il a fait partie de ceux qui ont été évacués à la mi-avril. Il retournera dans le pays quelques mois plus tard, cette fois-ci pour le compte de Terre des hommes. Il y retrouvera sa future épouse, une jeune femme rescapée tutsi et sa fille, qu'il adopte. Son deuxième séjour au Rwanda sera lui aussi de courte durée puisque l'organisation suisse se voit forcée de quitter le pays à la fin de l'année 1995.

Sans doute parce que l'histoire du génocide fait désormais partie de sa propre famille, Jean-Luc perçoit tout de suite le sens de ma recherche et va se montrer d'un soutien généreux et compréhensif.

Profitant de ma présence à Lausanne, il propose que je vienne raconter l'histoire des convois à ses collègues, dans le cadre d'un temps de restitution des opérations réalisées sur le terrain que les salariés du siège de l'ONG organisent généralement chaque semaine.

C'est ainsi que je me retrouve à témoigner devant une vingtaine d'humanitaires qui ont presque tous intégré l'association après l'épisode du génocide (quelques-uns n'étaient même pas nés alors), à l'exception d'Ariane et de Jean-Luc.

Ils m'offrent une écoute attentive, certains se disent même particulièrement émus par ce que je partage avec eux. Il y en a qui ont entendu parler d'Alexis, rares sont ceux qui l'ont personnellement connu. Pour tout le monde, ce qui se passe là est inédit : la présence au siège d'une ONG de ce qu'ils appellent « une bénéficiaire d'action », plusieurs décennies après celle-ci. Quelqu'un qui par la suite a choisi le même métier qu'eux et qui en comprend aussi les limites et les déboires.

Tous reconnaissent que ce métier a tellement changé que ce qui a été fait en 1994 par Deanna et Alexis ne serait absolument pas envisageable aujourd'hui. Leur ONG se doit de respecter tout un tas de procédures de sécurité et de règles de fonctionnement, elle est garante d'un cadre strict dans lequel les deux humanitaires de 1994, qui ne sortaient d'aucune école de gestion de projet humanitaire et n'avaient en guise de procédure qu'un courage immense, imprudent sûrement, et un cœur bien accroché, n'auraient pas leur place.

Il me faudra deux visites aux archives du canton de Vaud pour aller jusqu'au bout de ma démarche. Deux visites pour lesquelles je devrai chaque fois envoyer en amont une demande officielle et justifiée de consultation des documents de l'ONG, et pour lesquelles, chaque fois, il faudra que Jean-Luc m'accompagne afin de se porter garant pour Terre des hommes.

Le monde des archives est nouveau pour moi, je dois en apprendre les codes : trouver sur un logiciel les cotes exactes de documents que je cherche, remplir de petites fiches à remettre aux archivistes, attendre patiemment que ceux-ci me rapportent sur un chariot les boîtes ou enveloppes, enfiler les gants avant de toucher aux photos… À plusieurs reprises je penserai aux autres enfants des convois, ceux qui vivent au Rwanda, pour la très la grande majorité. Qui ont sans doute pour la plupart des vies précaires, survivent avec des traumatismes non soignés. Je sais combien les parcours de Damas, Claire, Manzi et Annick sont exceptionnels et ne peuvent faire oublier les destins fragiles, heurtés, de la majorité des survivants depuis 1994. Combien de mes anciens camarades de fuite auraient la possibilité d'entreprendre ce long parcours, fastidieux, plein de portes fermées et de codes inconnus, pour retrouver ces bouts de leur vie qui dorment ici, dans les armoires si bien gardées de Suisse ?

Je penserai aux autres enfants aussi en tombant sur une enveloppe blanche sur laquelle je vois le mot « Kaduha » inscrit au Bic bleu. Quelques semaines plus tôt, Damas m'a raconté comment sa tentative de retrouver une photo de lui auprès d'un couple de journalistes américains avait échoué. Alors je regarde ces photos attentivement, scrutant les visages des enfants sur les photos en noir et blanc trouvées dans l'enveloppe. Elles ont sans doute été prises à l'arrivé des petits survivants de Kaduha, transférés le 27 juin à l'école sociale de Butare. Sur l'une d'elles, une quarantaine d'enfants sont assis dans l'herbe, près d'un bâtiment de classes. La plupart ont le regard tourné vers le ou la photographe ; ils sont attentifs, ou inquiets. Je n'ose imaginer ce que leurs yeux ont vu quelques semaines plus tôt : la mise à mort de leurs familles. La peur s'y est nichée pour un long temps. Et là, à droite, au troisième rang, les jambes repliées, les mains croisées, vêtu d'un pantalon de toile et d'un pull-over, je crois le reconnaître : Damas. Est-ce lui ? Une fine cicatrice strie sa tempe droite, il fronce légèrement les sourcils, semble se demander ce que leur veut le ou la photographe.

Je prends en photo toute la série en noir et blanc, et dès que je me retrouve assise dans le train qui quitte Lausanne j'envoie à Damas la photo où j'ai cru le reconnaître. J'ai, comme Delphine quelques jours plus tôt, tracé une flèche de couleur sur le cliché vers son visage. Je lui explique que je sors des archives de Terres des hommes et lui demande s'il n'est pas l'enfant signalé par la flèche. Quelques instants plus tard il me répond en kinyarwanda : « C'est moi. » Puis : « *Oh my God. Send me more.* » Je lui envoie toute la série. Il y a aussi des clichés pris au Burundi dans ce qui, je suppose, était le centre d'accueil où les enfants ont passé quelques mois. Son laconique « *Oh Lord* » arrive immédiatement après et dit toute son émotion. Je l'imagine entre deux consultations à Kigali, recevant enfin ces traces qu'il a longtemps cherchées. Puis il repasse au français pour me remercier chaleureusement du partage, dit que ça lui fait énormément plaisir. Je m'enquiers de son état à l'instant : cela ne le fragilise-t-il pas ? Je n'ai peut-être pas pris toutes les précautions pour le préparer à recevoir ces images. Il me répond qu'il est solide. Je sais qu'ensuite il partagera ces images avec les autres enfants, qu'ils vont passer de longues minutes à tenter d'y reconnaître les visages des uns et des autres. Le lendemain, c'est Fidèle, le responsable de l'association des rescapés de Kaduha, qui me contacte et qui à son tour m'envoie une photo de groupe sur laquelle figurent les enfants qu'ont mis au monde les petits survivants arrivés à Butare le 27 juin 1994. Une génération plus tard, la vie a repris le dessus. Et la mémoire du sauvetage par sœur Milgitha puis par Terre des hommes est transmise, avec gratitude.

À l'heure où j'écris ces lignes, je n'ai toujours pas retrouvé l'original de la photo publiée par le magazine italien et sur laquelle je figure. Mauro, le photographe qui l'a prise, m'a dit qu'après cinq déménagements, ses archives avaient été éparpillées mais qu'il continue de chercher les autres diapositives du Rwanda.

De même n'ai-je jamais pu savoir si la vidéo tournée par l'équipe de la BBC, sur laquelle des amis nous ont dit nous avoir vues, existe encore quelque part. Peut-être est-elle dans les arcanes des archives du Mécanisme résiduel du Tribunal pénal international ?

Je suis allée jusqu'au bout ce que qu'il m'était possible de réaliser.

J'ai cependant la consolation d'avoir pu envoyer à Damas et à Delphine leurs propres images. Je nourris l'espoir que ce livre me permettra de retrouver d'autres enfants du convoi du 18 juin et, au fil des ans, de leur remettre ces quelques souvenirs que j'ai pu collecter au cours d'une quête de quinze ans.

Je me dis que mon travail pourra, modestement, rejoindre la tâche immense à laquelle les rescapés au Rwanda, désireux de produire du savoir sur eux-mêmes, se sont attelés ces dernières années pour constituer et rendre accessible les archives du génocide. En 2022, Hélène Dumas m'a ainsi présenté l'équipe d'archivistes qu'elle avait constituée dans ce sens avec Ibuka Rwanda. Réunis dans les locaux adjacents au mémorial de Nyanza-Kicukiro (Kigali), ce groupe de rescapés a œuvré durant plus d'une année à constituer un fonds d'archives à partir des milliers de documents réunis depuis 1995 par l'association. J'ai pu les voir en blouses blanches, dans cette salle immense, triant, rangeant ces documents précieux recueillis sur toutes les collines du pays par des membres d'Ibuka, notamment des parajuristes et des intervenants en santé mentale qui avaient eu le courage, alors qu'ils étaient eux-mêmes endeuillés, d'aller collecter des témoignages.

Ces archives, qui ont bénéficié du soutien du Mémorial de la Shoah et de l'accompagnement et l'expertise d'Hélène Dumas (grâce à une bourse de l'Agence nationale de la recherche), ont une double vocation. D'une part elles constituent une ressource indispensable pour les chercheurs et chercheuses rwandais et étrangers ; d'autre part elles sont à la disposition des rescapés souhaitant avoir accès à leur propre histoire et pouvoir la transmettre à leurs descendants.

Lors de mon dernier séjour au Rwanda, au printemps 2023, j'ai visité le récent bâtiment du ministère de l'Unité nationale et de l'Engagement civique (MINUBUMWE), dans lequel plusieurs étages sont destinés à rassembler les archives relatives au génocide des Tutsi.

Une première formation de son personnel a été organisée fin 2022 dans le cadre d'un partenariat triannuel avec le Mémorial de la Shoah. Dans la bibliothèque encore en cours d'organisation, j'ai trouvé plusieurs exemplaires du livre de Fergal Keane, *Season of Blood.*

En quittant les lieux et bien que tant reste à faire, j'ai songé, avec espoir, qu'un jour peut-être les différentes traces des convois seraient aussi réunies ici, à la portée de tous les enfants qui souhaiteraient les retrouver : les copies des photos, les listes de noms, mon récit, celui d'Annick et ceux des autres qui, je l'espère, ne manqueront pas d'arriver.

Au-delà des convois, mon enquête m'a amenée à m'interroger sur le destin des clichés réalisés par des photographes étrangers au Rwanda pendant et juste après le génocide contre les Tutsi. Les nombreux obstacles que j'ai rencontrés ont été autant de prises de conscience, imprévues, sur la place des images dans la façon dont on raconte, récrit, se souvient ou efface une histoire comme la nôtre, dans un monde inégalitaire, entre des protagonistes sans voix – parce que africains ? – et des photographes porteurs de toute la puissance de l'Occident. J'ai compris que ce sont des anomalies, dans le parcours qui aurait dû être le mien, qui m'ont permis d'avancer aussi loin dans ma quête : mon âge au moment de la traversée, ma nouvelle vie en France, mes études, ma connaissance du monde de l'humanitaire, mon statut d'écrivaine, l'accès à tous les livres qui ont accompagné ma compréhension analytique de l'histoire, le soutien psychologique et amical de nombreuses personnes ici. J'ai pu bénéficier de moyens matériels, immatériels et humains auxquels peu d'enfants du convoi du 18 juin auraient pu prétendre s'ils avaient voulu, comme moi, retrouver leurs photos.

Des milliers de photos ont été prises au Rwanda en 1994 par des étrangers, journalistes surtout, humanitaires ou religieux plus rarement. Combien sont aujourd'hui disponibles, accessibles au Rwanda ou sur internet, pour les survivants et survivantes qui souhaiteraient les retrouver ?

Elles dorment dans les archives de médias occidentaux, du Tribunal pénal international ou dans des cartons chez les photographes qui les ont prises sans s'imaginer qu'un jour peut-être une des personnes qui y figurent pourrait venir frapper à leur porte en disant « vous avez chez vous quelque chose qui m'appartient et je suis venue le récupérer ».

Est-ce que ces photos nous appartiennent ?

Le photographe, s'il est bienveillant comme Mauro ou Tony, prendra alors le temps d'aider la personne à chercher dans ses cartons. S'il est de l'engeance de « Mister All Right », il claquera la porte au nez de l'étranger. Est-ce parce qu'il est convaincu que ce dernier ne peut outrepasser son rôle de sujet, de figurant dans une histoire qui ne lui appartient plus ? Est-ce tout simplement par indifférence, en raison d'un mépris consistant à ne pas voir en cet autre quelqu'un capable de regarder, d'apprécier la valeur d'une photographie ?

Je crois bien évidemment au droit de propriété intellectuelle des photographes. Mais je ne peux m'empêcher d'interroger le droit à l'image des personnes photographiées. Dans quelle mesure peut-on avoir accès à l'information sur l'identité de ceux qui nous ont *pris* en photo ? Avoir accès à des copies de celles-ci ? Et si je pousse ce raisonnement encore plus loin, dans quelle mesure pouvons-nous avoir notre mot à dire quant aux images qui sont diffusées sur nous, quant à la façon dont elles sont légendées, expliquées au reste du monde ?

Dans l'immédiateté de l'urgence de la guerre, quand les massacres sont en cours, toutes ces questions ne se posent pas, cela s'entend.

Mais après ?

Au moment de la commémoration des 25 ans du génocide des Tutsi, j'ai pu constater combien cette question des images et des légendes dont trop souvent les principaux protagonistes étaient exclus n'avait pas été réglée, loin de là.

Il m'est déjà arrivé de demander qu'une illustration choisie arbitrairement par quelque journaux pour accompagner un de mes textes (des crânes, un charnier…) ou des expressions associées à une recension d'un de mes livres soient changées. Je n'ai pas toujours eu gain de cause. Et combien de survivants peuvent le faire ?

C'est en lisant le texte de Susan Sontag, *Devant la douleur des autres*, que j'ai pu mettre des mots sur le malaise que j'ai ressenti en voyant le traitement par certains journalistes des dernières commémorations du génocide. L'essayiste américaine y rappelle que les spectateurs du monde riche ne considèrent pas de la même façon les morts et les suppliciés africains et ceux de leurs propres pays, soulignant à juste titre que si les médias occidentaux ont fait en sorte de ne pas diffuser d'images des victimes des attentats du 11 septembre 2001, « l'Afrique postcoloniale existe avant tout comme une succession de photos inoubliables exhibant des victimes aux yeux immenses : la série débute, à la fin des années 1960, avec les silhouettes émaciées des Biafrais dans leur terre de famine et se poursuit avec le génocide de près d'un million de Tutsis rwandais[1] ».

Toutes ces images de nous, de nos morts, de leurs restes qui continuent à être diffusées sans nous demander notre avis.

Quand Sontag écrit très justement, plus loin dans le même ouvrage, « car l'autre, même lorsqu'il n'est pas un ennemi, est toujours perçu comme quelqu'un à voir, et non comme quelqu'un qui (à notre exemple)

---

1. Susan Sontag, *Devant la douleur des autres*, Christian Bourgois éditeur, 2004.

voit aussi », elle met le doigt sur la question de notre regard à nous.

Et qu'est-ce que je vois moi, l'autre, autrefois victime photographiée, quand je considère la plupart des images prises par les photographes occidentaux d'avril à août 1994 pour illustrer notre histoire ? Pourquoi est-ce que je ressens un malaise ?

Je ne parle pas ici des photos du convoi mais des autres, que j'ai découvertes en arrivant en France et depuis.

Si, contrairement à ce qu'on a eu trop souvent tendance à dire, le génocide des Tutsi du Rwanda ne s'est pas déroulé en direct à la télévision, de nombreuses images ont été produites dès les premiers jours et rapidement diffusées dans les médias du monde. On se trouvait dans une configuration très différente de la Seconde Guerre mondiale et même du génocide perpétré par les Khmers rouges au Cambodge, dix-neuf ans plus tôt, lorsque Pol Pot avait fermé toutes les portes aux journalistes afin d'éviter qu'ils documentent ce qui se déroulait dans le pays sous sa coupe.

Pour expliquer la nature de mon malaise, il m'a fallu interroger les conditions de production de ces photographies ou vidéos. Le travail de thèse en histoire de l'art contemporain de Nathan Réra, qui a analysé vingt ans d'images produites par les journalistes et artistes au sujet du génocide contre les Tutsi, m'a été à cet égard très utile [1]. Le chercheur a aussi interrogé plusieurs photographes et cameramen au sujet de leur travail, de la diffusion de celui-ci, mais plus largement encore de leurs trajectoires en lien avec cet évènement particulier qui les a beaucoup marqués. Son étude particulièrement bien documentée m'a permis d'articuler la question de l'origine des regards des journalistes occidentaux qui ont longtemps été les seuls à relater notre histoire, au récit global qui a été fait du génocide. Je me suis alors demandé ce que cela signifie de parler depuis une terre qui a été, pendant des décennies, racontée aux autres par d'autres. Qui n'est entrée dans l'imaginaire du monde qu'à travers un narratif produit par des images de spectateurs extérieurs. Peut-on imaginer que l'histoire des grands conflits occidentaux, de la Shoah, des massacres commis ici n'ait été relatée, expliquée au monde qu'à partir des écrits, films et photos faits par des journalistes africains ou sud-américains qui auraient soit « couvert » les évènements, soit recueilli et récrit pour eux les témoignages des Européens ou Étasuniens ?

Ce n'est pas que les Rwandaises et Rwandais n'aient rien dit ni écrit, loin de là, mais si l'on

1. Nathan Réra, *Rwanda, entre crise morale et malaise esthétique – Les médias, la photographie et le cinéma à l'épreuve du génocide des Tutsi (1994-2014)*, Les Presses du réel, 2014.

regarde aujourd'hui les récits factuels (hors textes de fiction) les plus lus ou regardés dans le monde, ils sont majoritairement le produit d'étrangers qui ont travaillé au Rwanda et y ont recueilli des histoires.

Beaucoup l'ont fait honnêtement avec une volonté d'informer, de dénoncer même parfois l'inaction ou les collusions des puissances occidentales. La plupart de leurs travaux sont le fruit d'une démarche sérieuse et respectueuse.

Mais j'entends aussi de plus en plus de survivantes et de survivants mécontents de la façon dont l'histoire personnelle, parfois intime, qu'ils avaient confiée à des journalistes étrangers pour en faire des témoignages qu'ils devaient cosigner a été restituée, dévoyée. Et je m'interroge.

Dans mon premier roman, *Tous tes enfants dispersés*, je fais dire à l'un de mes personnages qui refuse que son mari, un étranger, écrive l'histoire de sa mère survivante : « Les gens qui écrivent sur nous, ceux qui cherchent à transcrire nos silences sans en connaître la partition, manquent parfois de correction. »

Les journalistes français qui m'ont interviewée à la sortie de ce livre m'ont presque tous demandé de justifier cette phrase : voulais-je dire que le génocide des Tutsi ne devait être écrit que par des survivants rwandais ? Après avoir expliqué que c'étaient là les propos d'un personnage de fiction, je répondais que j'étais convaincue que tout le monde pouvait écrire sur cette histoire, à condition que les gens le fassent en précisant bien d'où ils écrivaient, avec quels biais et sans « parler à la place de ».

Mais j'ajoutais aussi souvent qu'il était important que les récits des victimes soient au centre de la mémoire collective qui se construit dans le monde, depuis 1994, que ces victimes soient écoutées, et entendues.

En me lançant dans la recherche d'images du convoi, je ne pensais pas passer de l'autre côté de l'objectif pour regarder les photographes en action. Sans doute ne l'aurais-je jamais fait si toutes les portes des archives s'étaient ouvertes à moi, si les auteurs ou dépositaires de ces images me les avaient facilement remises, si je ne m'étais pas avisée que d'autres survivants s'étaient vu opposer des refus catégoriques. Rétrospectivement, et même si aujourd'hui encore je reste à la recherche de l'*image manquante*, je considère mes déceptions, mes échecs comme bénéfiques. Sans eux, je ne me serais pas rendu compte de l'étendue du problème.

Quand le génocide a commencé, début avril, les premières images produites ont été le fait de reporters venus couvrir l'évacuation des expatriés de la capitale. C'était alors une approche habituelle de l'information des crises en Afrique, consistant à s'intéresser avant tout au sort de ses propres ressortissants alors que le destin des autochtones était généralement résumé dans un flou de violence sans analyse des causes ni précision du profil des victimes. Seule une dizaine d'envoyés spéciaux ont alors été dépêchés au Rwanda, la majorité des autres reporters étant concentrés sur des évènements plus porteurs dans les médias : la guerre en Bosnie et les élections en Afrique du Sud.

C'est donc presque exclusivement, au début, dans les convois d'évacuation organisés par les para-commandos belge et français que se glissèrent les journalistes pour circuler dans le pays. Pour des raisons de sécurité, les journalistes ne virent pour la plupart la situation du pays qu'à travers les déplacements des militaires européens qu'ils suivaient. Ceci leur permit néanmoins de recueillir quelques images qui auraient pu être très éclairantes sur le génocide en cours, si elles avaient été accompagnées de commentaires ou légendes adéquates ou si elles n'avaient pas été utilisées pour nourrir une narration problématique.

Rappelons qu'au printemps 1994, le discours dominant consista à présenter la violence comme le résultat d'une haine atavique entre Hutu et Tutsi, génératrice de conflits à répétition. Ni les reporters sur place, ni les commentateurs sur les plateaux télévisés ne semblaient avoir une connaissance suffisante de l'histoire de ce petit pays, dont la plupart d'ailleurs avaient à peine ou pas du tout entendu parler auparavant. Cette ignorance allait permettre aux communicants politiques, notamment à l'Élysée, de diffuser la thèse de deux camps antagonistes se battant pour le pouvoir (l'armée nationale, composée exclusivement de Hutu, contre les rebelles tutsi du FPR) et responsables collectivement de tueries « dans les deux camps ».

Un an auparavant pourtant, en janvier 1993, au JT de France 2, devant des millions de téléspectateurs, le militant Jean Carbonare, de retour d'une mission pour la Fédération internationale pour les droits humains (FIDH), avait bien alerté l'opinion publique française sur les crimes commis au Rwanda par le pouvoir en place. Il avait clairement désigné les victimes comme étant de la minorité tutsi, ne laissant aucun doute sur le caractère des massacres organisés par les autorités.

En 1994 puis durant les décennies qui ont suivi, le fait de ne pas nommer clairement le groupe d'appartenance des *génocidés*, parfaitement résumé par le terme consacré « génocide rwandais », a ainsi permis de véhiculer l'idée fausse d'une folie généralisée où tout le monde tuait tout le monde avec la vision raciste d'un peuple historiquement violent.

S'il y a effectivement eu, durant les premières semaines, des massacres de Hutu démocrates, notamment les membres des partis politiques qui s'opposaient depuis plusieurs années à la politique raciste du

Hutu Power, comme ce fut le cas dès le 7 avril de la Première ministre, il devint vite clair, du moins pour les Rwandais, que c'étaient tous les Tutsi, du nourrisson au vieillard, qui devaient être exterminés.

Pourtant, les premières images collectées par les reporters qui suivaient les évacuations, et la façon dont elles furent ou non diffusées en Europe, ne firent que participer à un récit erroné.

Dans sa thèse, Nathan Réra cite plusieurs exemples particulièrement frappants. J'en retiendrai deux.

Le premier concerne une série de vidéos réalisées dans le cadre de l'évacuation de religieux et de soignants européens de l'unique hôpital psychiatrique du Rwanda à Ndera, près de Kigali.

Des centaines de Tutsi réfugiés dans l'hôpital avaient accueilli les paras belges avec espoir, les suppliant de les protéger des miliciens hutu qui se massaient déjà derrière la clôture. Mais à Ndera comme dans d'autres lieux du pays, les militaires allaient repartir bien vite avec leurs seuls compatriotes européens, abandonnant les Tutsi à une mort certaine. Si les reporters sur place recueillirent la parole des réfugiés appelant au secours dans un français tout à fait compréhensible et montrant les cadavres des premiers tués, elle fut supprimée des sujets ensuite montés et diffusés en France. On donna à voir les religieux belges terrorisés, les paras tirant en l'air – ce qui faisait croire à tort que l'opération était très risquée pour eux –, et les futures victimes furent réduites à un rôle de figurants, privés de parole.

À la mi-avril, la fin des opérations d'évacuation des expatriés entraîna le départ de la plupart des reporters. Deux photographes, Luc Delahaye et Patrick Robert, firent le choix de rester dans le pays. Ils allaient documenter sur la colline de Nyanza-Kicukiro, dans la proche périphérie de Kigali récemment libérée par les militaires du FPR, un charnier à ciel ouvert de plus d'une centaine de cadavres. Alors que les photos prises par Patrick Robert auraient pu être celles qui, depuis le début des massacres, témoignaient le mieux de la nature et de l'ampleur des faits, les magazines français refusèrent de les publier, contrairement aux médias allemands et américains.

Quant au film tourné par Delahaye, c'est une séquence de moins de deux minutes seulement (sur une heure de rushes) qui fut diffusée quelques jours plus tard par France 3. Le journaliste avait bien pris soin d'interviewer longuement les quelques survivants du massacre de Nyanza, mais là encore, comme pour l'hôpital psychiatrique de Ndera, la parole des victimes fut silenciée ou minimisée, dans un procédé qui rendait difficilement lisible pour les spectateurs le crime en cours. Qui avait tué qui ?

Nathan Réra souligne qu'alors une même image pouvait être publiée avec deux légendes contradictoires : soit on présentait les victimes comme des réfugiés rwandais indifféremment hutu ou/et tutsi, soit, lorsque la légende précisait que les personnes avaient été tuées en raison de leur identité tutsi, un commentaire ou une autre image venait suggérer une possible participation de Tutsi à des tueries de Hutu.

La confusion allait être la ligne de communication choisie par les autorités françaises, engluées dans leurs liens avec le régime dictatorial qui avait programmé et exécuté le dernier génocide du vingtième siècle.

Les camps de réfugiés hutu furent le deuxième théâtre d'un incroyable amalgame médiatique, qui perdure encore parfois aujourd'hui.

À partir de la fin juin 1994, les militaires français de l'opération Turquoise mirent en place une zone dite « humanitaire sûre » dans le sud-ouest du Rwanda qui servit d'espace de repli pour les autorités, militaires et miliciens génocidaires. C'est de cette zone que ces derniers purent ensuite organiser leur refuge vers le Zaïre, entraînant avec eux plus de deux millions de civils rwandais hutu, dont de nombreux tueurs. Là où l'épisode du génocide qui venait de se terminer n'avait été couvert que par une petite dizaine de journalistes, où seule une poignée d'humanitaires étaient restés ou venus au secours des Tutsi, les camps des réfugiés hutu attirèrent des centaines de médias du monde entier et un des plus grands déploiements humanitaires du siècle.

La presse, les radios et les télévisions de la planète furent ainsi inondés d'images et de récits racontant la faim, la soif, la promiscuité, la fatigue dont souffraient les réfugiés. L'arrivée d'une épidémie de choléra offrit aux journalistes des scènes apocalyptiques que les médias n'eurent aucune gêne à présenter comme les suites du génocide.

Je me souviens de ces images. Arrivée en France le 5 juillet, j'ai assisté depuis le canapé de ma famille d'accueil à ce déploiement mondial d'empathie envers des gens qui certes souffraient de cet exode terrible, mais en oubliant le crime qu'une partie d'entre eux venaient de commettre, reléguant insidieusement les véritables victimes du génocide hors champ.

C'était surréel et cela me mettait terriblement mal à l'aise.

Nathan Réra souligne à juste titre que « l'iconographie dominante du génocide s'élabora par conséquent sur un contresens majeur, encouragé par la présence des bulldozers de l'armée française charriant les cadavres des cholériques jusque dans les fosses creusées pour les accueillir[1] ». En effet, nombreux furent ceux qui rapprochèrent ces images des fosses creusées par les bulldozers dans le sol volcanique de Goma (pour accueillir les morts hutu du choléra) de celles des fosses communes emplies des victimes du camp de concentration de Bergen-Belsen en avril 1945. L'ensevelissement surmédiatisé des corps des bourreaux et de leurs familles, tués non par des hommes mais par une épidémie, ensevelirent ainsi la réalité du génocide contre les Tutsi.

Les photographies prises dans les camps de réfugiés au Zaïre[2] et en Tanzanie[3] par certains des plus grands noms du photoreportage, James Nachtwey, Sebastião Salgado ou Gilles Peress, sont devenues, par un terrible contresens, des symboles du génocide.

Et si certains journalistes ont depuis pris conscience de leur erreur, comme le reporter de TFI Gauthier Rybinski, beaucoup ont continué à publier des livres ou ont présenté dans des expositions des photos faisant de l'épisode du choléra l'épicentre de leur travail consacré à ce que beaucoup ont appelé « la tragédie rwandaise ». Nathan Réra cite ainsi *Inferno*

---

1. Nathan Réra, « Rwanda, images du désastre, du temps de l'information au temps de la mémoire », in *Arts & Sociétés, Lettre du séminaire* n° 61, Sciences Po, s.d., https://www.sciencespo.fr/artsetsocietes/fr/archives/1192#_ftn8.

2. Essentiellement dans la province du Kivu, dans l'est du pays.

3. Notamment le camp de Benaco, au nord-ouest du pays.

de Nachtwey[1], *Exodes* de Salgado[2], et *On a deux yeux de trop* d'Anthony Suau (avec des textes de Florence Aubenas)[3], publiés après les faits, et dit à propos de ces deux derniers : « Ces albums ont hérité de la dialectique des médias, les images ayant tendance à réactualiser les stéréotypes les plus irrépressibles. »

Il raconte également comment la rétrospective « L'ombre de la guerre » organisée à la Maison européenne de la photographie de Paris, en 2011, n'a gardé pour représenter « le génocide au Rwanda » que deux photos : une image d'un camp de réfugiés hutu prise par Salgado en 1995, et la photo très célèbre de Nachtwey d'un jeune Rwandais de profil dont le visage a été lacéré par des coups de machette. Or cet homme était un Hutu démocrate qui avait été attaqué par des miliciens hutu pour avoir refusé de participer au génocide, ainsi qu'a eu l'honnêteté de légender un autre photographe présent à Nyanza, Jean-Marc Bouju, qui l'avait également photographié, mais dont la photo n'avait pas, elle, remporté le prestigieux World Press Photo of the Year (décerné à Nachtwey) ni été publiée en double page dans le *Time Magazine*. En 2013, lorsque cette

1. James Nachtwey, *Inferno*, Phaidon, 1999.
2. Sebastião Salgado, *Exodes*, La Martinière, 2000.
3. Anthony Suau et Florence Aubenas, *On a deux yeux de trop. Avec les réfugiés rwandais, Goma, Zaïre, 1994*, Actes Sud, 1995.

même photo paraît dans un sujet du quotidien *Libération*, elle est accompagnée d'une légende qui, sans être fausse, est pour le moins problématique. Le jeune homme blessé est ainsi présenté uniquement comme « Hutu au visage mutilé, Rwanda » sans expliquer par qui ni pourquoi il a été machetté. Sur le site internet officiel de James Nachtwey[1], il est simplement présenté comme « un survivant de camps de la mort hutu ».

Certains photographes ont cependant pris conscience d'être passés complètement à côté du récit du génocide des Tutsi, tentant plus tard de poser des actes, de proposer des projets qui pouvaient raconter une autre histoire, interroger aussi les limites du photojournalisme.

C'est le cas de Christophe Calais, photojournaliste français qui avait couvert la crise humanitaire au Zaïre pour le compte de *VSD*. Il avait entre autres contribué à transformer un petit garçon hutu en une « icône du génocide ». L'enfant de 7 ans avait été sauvé de l'ensevelissement des bulldozers par un lieutenant de l'opération Turquoise, alors qu'on le croyait mort du choléra. Le militaire français l'avait soigné et nourri, allant jusqu'à le rebaptiser Angelo.

Réra explique au sujet de la photo qui avait fait la notoriété de Calais : « La mémoire collective retiendra

1. http://www.jamesnachtwey.com/.

l'image d'Angelo plutôt que celle des petits Tutsi mutilés deux mois plus tôt, car elle se veut l'incarnation d'un double idéal : celui de l'homme blanc, fort et sensible à la fois, qui prend sous ses ailes protectrices une victime innocente ; celui d'un "petit Africain" qui, assoiffé de vie, a vu la mort (l'enfer) de près et s'en est sorti *in extremis*[1]. » On apprendrait plus tard que le père de cet enfant était un génocidaire, dénoncé par ses voisins à son retour au Rwanda et condamné à 25 ans de prison.

Christophe Calais allait ensuite se désolidariser de la machine médiatique en entamant un travail de plusieurs décennies pour documenter une autre histoire du pays, dans le Rwanda post-génocide.

À propos de la seule autre photo qu'il allait prendre, dix ans après le génocide, à l'occasion d'une cérémonie d'inhumation de 80 victimes du génocide à Musenyi, Luc Delahaye expliquerait pour sa part : « Réaliser cette photographie, c'était revenir sur un échec. J'ai beaucoup regretté de n'avoir pu représenter le génocide à l'époque, alors que j'étais là-bas pendant les trois mois et demi qu'il a duré. Sentiment d'impuissance de l'image, d'inutilité flagrante. J'ai fait cette image comme

1. Nathan Réra, *Rwanda, entre crise morale et malaise esthétique*, *op. cit.*

pour me racheter, ou pour combler un vide, ou pour conjurer cette impuissance[1]. »

Réra s'attache dans sa thèse à analyser les différentes expériences de photographies ou vidéos destinées à surmonter la « crise de l'image » provoquée par la couverture médiatique des différents évènements rwandais : celles d'Alfredo Jaar, de Gilles Peress, d'Alexis Cordesse, de Sarah Vanagt ou d'autres, sans manquer de souligner parfois les limites de certaines démarches.

Ces quelques pas de côté ne sont malheureusement pas encore parvenus à mettre fin au mésusage des images des Rwandais prises en 1994, et l'on peut craindre qu'à l'occasion de la 30e commémoration du génocide des Tutsi, certains réflexes perdurent.

Car même lorsque la vérité a été rétablie, les images peuvent rester piégées dans le premier récit qui en a été fait.

J'ai ainsi appris très récemment que la femme représentée dans le célèbre cliché de Dorothea Lange, *Mère migrante*, devenue à elle seule le symbole de l'exode des paysans durant la Grande Dépression, n'était pas celle qu'on disait. La photographe, envoyée par un programme du gouvernement américain pour documenter la situation des agriculteurs pauvres

1. Cité dans *Le Monde*, 24 novembre 2005.

et promouvoir le New Deal du président Roosevelt, avait pris en photo une femme entourée de ses enfants sous un auvent de fortune, au bord d'une route de la côte californienne, non loin d'un camp de migrants ramasseurs de petits pois. La photo serait publiée par de nombreux journaux nationaux avec une légende erronée, présentant la femme au regard fatigué comme l'une des paysannes du camp, qui avait dû vendre les pneus de la voiture familiale pour se nourrir.

L'image émut l'Amérique entière et on dit qu'elle eut pour effet l'envoi d'une importante aide alimentaire au camp de travailleurs.

Il faudrait des années pour que les enfants de Florence Owens Thompson – c'est le nom de la femme – fassent reconnaître l'histoire réelle de leur mère, qui n'appartenait pas à la population migrante dont elle était devenue malgré elle l'icône. Celle que tout le monde voit comme une Américaine blanche était en réalité issue d'une famille cherokee et vivait en Californie depuis plus de dix ans. Elle ne s'était trouvée que par hasard près du champ de petits pois : après une panne de voiture, elle attendait là son mari et ses fils aînés partis dans la ville voisine effectuer les réparations nécessaires, avant de reprendre la route. Si bien que Florence Owens Thompson et sa famille ne bénéficièrent en rien de l'aide alimentaire envoyée quelques jours après en réaction à la publication de sa photo.

La polémique autour de cette fausse légende, que certains accusèrent de véhiculer un regard « colonialiste », n'a pas empêché le cliché de demeurer, dans l'imaginaire collectif mondial, le symbole qu'on en avait fait au départ.

Après avoir lu l'ouvrage fondamental de Nathan Réra, je suis revenue aux images du convoi du 18 juin 1994 que j'ai en ma possession, pour reconsidérer les récits qui les avaient accompagnés, leurs légendes en quelque sorte.

J'ai réécouté le commentaire en anglais de Fergal Keane accompagnant le film de la BBC, lu le texte cosigné par Mauro Parmesani et Patrizia Miazzo dans la revue publiée en Italie.

Le documentaire de la BBC présente les enfants du convoi comme des « orphelins tutsi qui seraient assassinés s'ils restaient à Butare ». Ce qui était bien une réalité pour la plupart. Avant d'arriver dans la zone encore aux mains du gouvernement génocidaire, le reporter irlandais a pu se faire une idée de l'ampleur de l'extermination en interrogeant des survivants tutsi dans la zone libérée par le FPR ; il leur a longuement donné la parole lors d'une séquence précédente du documentaire.

Il n'y a donc pas eu ici silenciation des victimes et le travail journalistique a été rigoureux.

Désormais dans un des derniers bastions du Hutu Power, il ne se risque pas à tendre le micro aux victimes en sursis, et cela se comprend. C'est pourquoi seul le préfet Nsabimana est interviewé. La voix *off* le présente comme un homme courageux qui risque sa place pour sauver la vie d'enfants tutsi. Nsabimana quant à lui, cela n'a rien de surprenant, ne désigne pas clairement ce qui est en cours : il parle de guerre, de troubles entre adultes dont les enfants « sans distinctions » ne doivent pas être tenus responsables. Et quand Keane lui demande ce qui motive les tueries, il dit qu'elles sont le fait de têtes échaudées, de haines individuelles.

Quant au texte des Italiens, intitulé *Au Rwanda, journal d'un sauveteur d'enfants*, il raconte un sauvetage humanitaire « dans le pays aux mille collines dévasté par la guerre entre Tutsi et Hutu », sans préciser l'identité réelle des enfants, encore moins celle des tueurs, et sans analyser la nature politique de la violence, probablement parce que les auteurs l'ignorent. Le même texte aurait pu provenir de n'importe quel pays africain en proie à une guerre civile. Visiblement, Mauro et Patrizia n'ont pas cherché à analyser politiquement ni à situer historiquement ce qu'ils avaient vu au Rwanda.

Les sentiments du sauveteur, eux, sont longuement décrits : la peur des « tirs effectués par d'inconnus et téméraires guerriers de la nuit », l'émotion devant les yeux des enfants tristes et résignés à leur sort, le regret de les quitter une fois le sauvetage accompli, le sentiment enfin d'avoir été radicalement changé par cette expérience durant laquelle il s'est senti utile.

Je m'efforce de considérer ce texte avec bienveillance malgré son côté un peu caricatural car je crois que Mauro et Patrizia ont fait de leur mieux pour se rendre utiles aux côtés des humanitaires et parce que je serai toujours reconnaissante au photographe de m'avoir envoyé des images du convoi.

Bordeaux, été 2023

Une ultime piste.

La semaine dernière, alors que je l'interrogeais encore, le photographe milanais m'a donné le nom du magazine italien dans lequel ses photos et son article sur notre convoi ont été publiés, il y a vingt-neuf ans : *No Limits*.

Quand il m'a dit que la revue n'existait plus, j'en ai hâtivement déduit qu'il n'y aurait plus rien à trouver dans cette direction non plus.

Et pourtant.

Il a suffi de quelques clics pour découvrir la nature du magazine. *No Limits* appartenait à une marque de sport du même nom, fondée par « le Cavaliere del Lavoro Filippo Giardiello, entrepreneur dans le monde de l'horlogerie depuis quatre générations [1] ».

---

1. Les extraits entre guillemets sont issus du site https://www.nolimits.com/fr/.

L'historique de l'entreprise que je retrouve en ligne m'apprend que cet homme a eu alors la brillante idée de « lier la marque au monde naissant des sports extrêmes, surfant sur la vague de ce que les spécialistes du marketing des années 1990 ont appelé la "massification du concept d'aventure" [...] évoquant directement une croyance forte dans la réalisation d'une entreprise qui s'efforce de repousser ses propres limites ».

Entre 1991 et 2001 le magazine *No Limits* a ainsi publié des centaines de reportages sur la pratique des sports extrêmes mais aussi des récits de personnes qui consacraient leur vie « à une quête constante de dépassement de leurs limites ».

Si la revue a cessé sa publication, la marque a créé une « No Limits Library » qui contient « pas moins de 1 866 films sur divers supports et environ 15 000 photographies ».

Est-ce donc là que je vais finir par retrouver « ma » diapositive ? Entre les photos d'une traversée de l'Atlantique en solitaire et celles d'une descente de volcan en snowboard ?

Cet épilogue improbable me conforte dans l'idée qu'il est plus que temps de prendre la parole pour raconter nos histoires, légender nos photos, et le faire dans les espaces que nous jugerons appropriés, sécurisants, des espaces qui nous seront accessibles.

Le convoi

Un lieu à nous, mémorial pour les enfants des convois.

Ce livre n'en est que la première pierre.

Chronologie de l'histoire du génocide des Tutsi établie par Hélène Dumas (CNRS)

1897 Établissement d'un protectorat militaire allemand sur le Rwanda.

1900 Fondation de la première mission catholique à Save par des prêtres appartenant à la Société des missionnaires d'Afrique.

1916 Les troupes belges chassent les quelques officiers allemands et le pays passe sous administration militaire belge.

1922 La Belgique reçoit le mandat de la Société des Nations sur les « Territoires du Ruanda-Urundi ».

1931 La mention ethnique est apposée sur les livrets d'identité, visant à recenser les hommes adultes valides en vue de récolter l'impôt et d'appliquer le travail forcé.

Le roi Musinga, hostile à l'évangélisation, est déposé par les autorités belges. Son fils, Mutara Rudahigwa, accède au trône.

1946 Le Rwanda et le Burundi passent sous la tutelle belge, les Nations unies prenant le relais de la SDN.

1957 Publication du *Manifeste des Bahutu*, sous-titré *Note sur l'aspect social de la question raciale indigène*, signé par une partie de l'élite hutu au sein de laquelle figure Grégoire Kayibanda. Ce texte recommande le maintien de la mention ethnique sur les cartes d'identité et conseille le recours à la médecine en cas de « métissage ».

1959 (**septembre**) Création du parti nationaliste l'Union nationale rwandaise composé principalement de grands chefs tutsi portés à leurs fonctions par le colonisateur belge. Ils revendiquent l'indépendance du pays.

(**octobre**) Grégoire Kayibanda fonde le Parti pour l'émancipation du peuple hutu (Parmehutu) qui exige l'abolition de la « colonisation tutsi » avant le départ des Belges.

(**novembre**) « Révolution sociale hutu » qui se traduit dans les faits par le massacre de plusieurs centaines de Tutsi. Les violences visent essentiellement les membres de l'administration « indigène », c'est-à-dire les chefs et les sous-chefs, mise en place par le colonisateur qui renverse alors son alliance initiale en encourageant désormais la « Révolution hutu ». Des dizaines de milliers de Tutsi prennent le chemin de l'exil dans les pays limitrophes.

1961 La monarchie est abolie par référendum.

1962 (1er juillet) Le Rwanda accède à l'indépendance sous la présidence de Grégoire Kayibanda.

1963-1964 (décembre-janvier) Des incursions d'exilés tutsi (surnommés *Inyenzi* – cafards – en raison de leurs attaques nocturnes) depuis le sud du pays déclenchent une répression féroce contre les Tutsi de l'intérieur. Les massacres prennent une ampleur considérable à Gikongoro : entre 10 et 20 % de la population tutsi de cette préfecture sont assassinés par des bandes armées de lances et de bâtons, sur ordre du préfet. Les violences s'étendent ensuite aux préfectures environnantes et font au total entre 10 000 et 14 000 victimes. Dans l'édition du journal *Le Monde* du 6 février 1964, le philosophe Bertrand Russell dénonce un « massacre d'hommes le plus horrible et le plus systématique auquel il a été donné d'assister depuis l'extermination des Juifs par les nazis en Europe ». Des dizaines de milliers de Tutsi grossissent les rangs des réfugiés.

1973 (février-mars) Des purges organisées par des « Comités de salut public » provoquent de nouvelles violences contre les Tutsi, chassés des écoles, de l'université, des séminaires et de la fonction publique. Des cases sont incendiées et environ 200 personnes assassinées.

(5 juillet) Le général-major Juvénal Habyarimana, un officier hutu originaire du nord du pays, prend le pouvoir à la faveur d'un coup d'État. Il entend rétablir l'ordre et l'unité nationale.

1975 Le Mouvement révolutionnaire national pour le développement (MRND) est fondé. Il est le seul parti autorisé du pays.

1987 Face aux fins de non-recevoir du régime Habyarimana sur le droit au retour des réfugiés tutsi, ces derniers – et leurs descendants – fondent le Front patriotique rwandais (FPR). Ce mouvement se dote d'une branche armée, l'Armée patriotique rwandaise (APR). Il comprend par ailleurs des dissidents hutu au pouvoir en place à Kigali.

1988-1989 Le Rwanda est confronté à une grave crise économique suite à l'effondrement des cours du café et du thé sur le marché international.

1990 (1er octobre) Le FPR lance sa première offensive dans l'est du pays, rapidement jugulée par les Forces armées rwandaises (FAR), appuyées par les troupes zaïroises, belges et surtout françaises. En réaction, les autorités rwandaises jettent en prison plusieurs milliers de personnes, dont une majorité sont tutsi, accusées de « complicité » avec l'ennemi.

1991 (février) Le FPR prend l'une des principales ville du nord du pays, Ruhengeri, et libère les prisonniers. Les attaques du FPR servent de prétexte au massacre des Tutsi Bagogwe de la région de Kibilira : près de 600 personnes sont assassinées dans cette région en une année.

(juin) Face au mouvement de protestation de la société civile, le président Habyarimana concède le multipartisme, désormais autorisé par la nouvelle Constitution. Plusieurs formations politiques d'opposition voient le jour.

1992 Les milices *Interahamwe*, mouvement de jeunes affidés au MRND, sont créées. Elles manifestent violemment leur soutien au parti présidentiel, à plusieurs reprises au cours de l'année. Ces milices sont rejointes dans leur combat contre l'« ennemi tutsi » par un parti raciste, la Coalition pour la défense de la République (CDR).

(mars) La diffusion à la radio nationale d'un tract attribuant faussement l'assassinat de Hutu par des membres d'un parti à dominante tutsi sert de prétexte au déclenchement des massacres dans la région du Bugesera (sud de Kigali). Miliciens, autorités locales et civils conjuguent leurs forces.

1993 (août) Les accords d'Arusha sont signés entre le président Habyarimana, les partis d'opposition et le FPR. Ils prévoient le partage du pouvoir et la fusion des armées.

(octobre) La Mission des Nations unies pour l'Assistance au Rwanda (MINUAR) commandée par le général canadien Roméo Dallaire entame son déploiement. Elle compte 2 500 hommes.

1994 (avril) Dans la soirée du 6 avril, l'avion du président Habyarimana est abattu. Les unités d'élite de l'armée rwandaise et les miliciens quadrillent Kigali. Le colonel Bagosora réunit un comité de crise au cours duquel il refuse de remettre le pouvoir au Premier ministre Agathe Uwilingiyimana comme le prévoit la Constitution.

7 avril Le Premier ministre est assassinée à son domicile par des militaires ; les opposants politiques hutu sont éliminés de manière systématique. Les dix Casques bleus belges affectés à la protection du Premier ministre sont massacrés au Camp Kigali par des soldats rwandais.
Le FPR reprend l'offensive.

8-9 avril Un gouvernement intérimaire est constitué puis prête serment. Respectant la façade des accords d'Arusha, il réunit des personnalités issues de partis différents mais appartenant toutes à la faction « Hutu Power », c'est-à-dire à la frange extrémiste. Il relaie les ordres d'extermination auprès de l'administration locale.

9-15 avril Plusieurs puissances occidentales, dont la Belgique et la France, envoient des troupes au Rwanda pour assurer l'évacuation de leurs ressortissants. En aucun cas ces militaires n'interviennent pour faire cesser les massacres.

11 avril Les militaires belges de la MINUAR quittent l'École technique officielle de Kicukiro, abandonnant à la mort des milliers de réfugiés tutsi.

5 000 d'entre eux seront assassinés en masse le soir même sur la colline de Nyanza-Kicukiro.

21 avril Le Conseil de sécurité des Nations unies réduit les effectifs de la force onusienne qui passe de 2 500 à 270 hommes dont une majorité sont des civils.

Mai 1994 La majorité des victimes a été assassinée.

22 juin La France lance l'opération Turquoise sous l'égide des Nations unies. Alors que le génocide est consommé, les forces françaises forment un glacis dans l'ouest du pays permettant aux cadres du gouvernement extrémiste de fuir vers le Zaïre face à l'avancée des troupes du FPR.

4 juillet Le FPR remporte la bataille de Kigali.

19 juillet Les forces du génocide sont en déroute, ayant poussé sur les chemins de l'exil au Zaïre et en Tanzanie plus de deux millions de civils hutu. Un nouveau gouvernement d'« Union nationale » est mis en place à Kigali, dominé par le FPR.

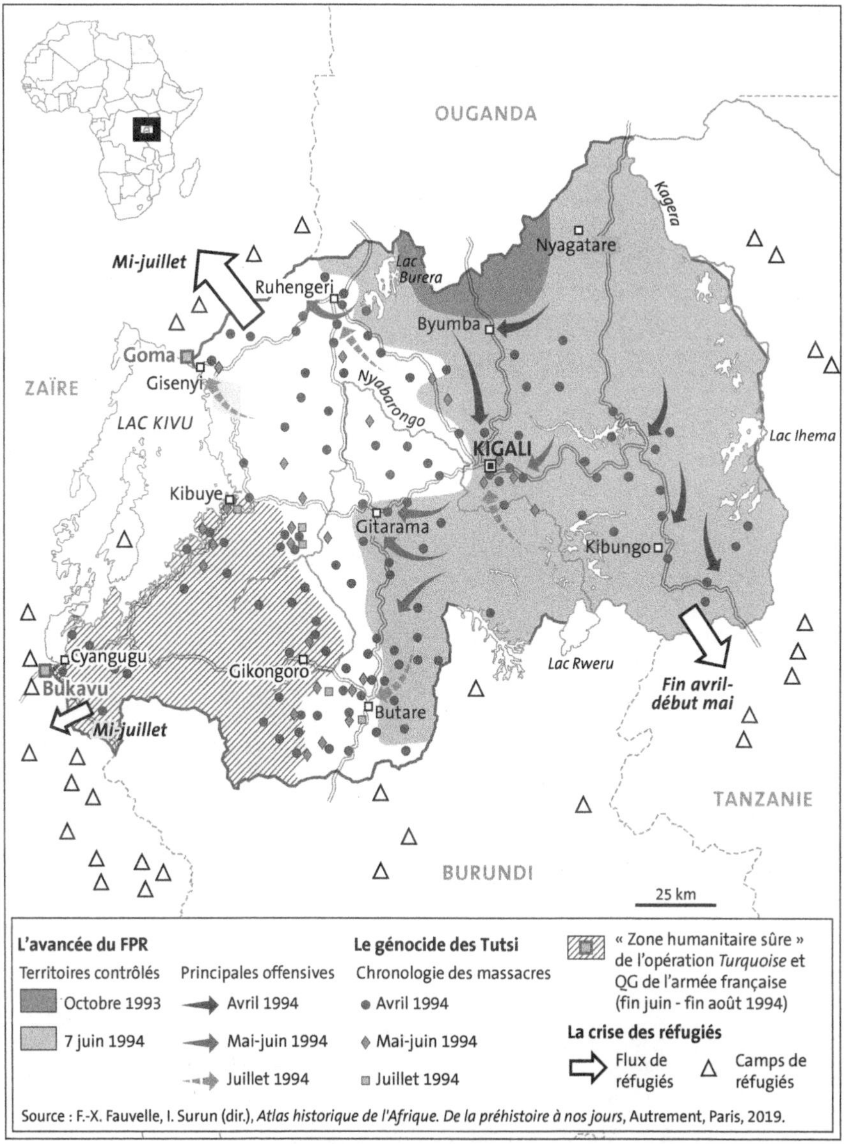

Carte réalisée par Guillaume Balavoine.

Remerciements

Je souhaite remercier ici les personnes dont le soutien et la collaboration m'ont permis de mener mon enquête et d'écrire ce livre, celles qui ont accepté de me raconter leurs souvenirs, permis que je cite leurs écrits, qui m'ont donné accès à des documents, transmis des contacts, ouvert une porte.

Alice Doyard, Mark Doyle, Rizwana Hamid, Fergal Keane, Jacques Morel, Nathan Réra, Tony Wende – l'auteur des quatre photos avec lesquelles tout a commencé –, les professeures du lycée Thierry-Maulnier de Nice, ainsi que les humanitaires de Terre des hommes Lausanne – en particulier Barbara Boyle-Saidi, mon amie de trente ans Bertille Descamps, Jean-Luc Imhof et Ariane Zwahlen.

Hélène Dumas, pour les solides liens d'amitié entre ici et là-bas.

Merci infiniment à Deanna Cavadini et à Alexis Briquet – qui n'est malheureusement plus parmi nous – pour leur belle humanité, leur générosité, leur courage. Merci pour nos vies sauvées.

À Mauro Parmesani, pour son engagement à leur côté en 1994 et pour les photos.

Mille mercis aux autres enfants des convois, aujourd'hui femmes et hommes debout, *bavandimwe twarokokanye*, pour leur confiance, leur précieuse mémoire et leurs encouragements : Damas Dukundane, Rodrigue Iradukunda, Annick Kayitesi-Jozan, Manzi Rugirangoga, Delphine Umuhoza, Claire Umutoni, Willy Wasungu.

À Claire Fercak, mon éditrice, pour le chemin parcouru ensemble.

À Yann, toujours, immensément.

Table des matières

Imprimé en France par CPI
en novembre 2024

Composition et mise en pages
Nord Compo à Villeneuve-d'Ascq

Dépôt légal : janvier 2024
N° d'édition : 656658-6
N° d'impression : 182439